国家智库报告 2016（15）
National Think Tank
人　才　研　究

发达国家人才战略与机制
——以法英德日为例

中国社会科学院人事教育局 编

THE TALENT STRATEGIES AND MECHANISMS IN DEVELOPED COUNTRIES

中国社会科学出版社

图书在版编目(CIP)数据

发达国家人才战略与机制：以法英德日为例／中国社会科学院人事教育局编．—北京：中国社会科学出版社，2016.5

（国家智库报告）

ISBN 978-7-5161-7828-7

Ⅰ.①发… Ⅱ.①中… Ⅲ.①人才—发展战略—研究—法国②人才—发展战略—研究—英国③人才—发展战略—研究—德国④人才—发展战略—研究—日本 Ⅳ.①C964.1

中国版本图书馆 CIP 数据核字（2015）第 057568 号

出 版 人	赵剑英
责任编辑	王　茵
特约编辑	马　明
责任校对	张依婧
责任印制	李寡寡

出　　版	中国社会科学出版社
社　　址	北京鼓楼西大街甲 158 号
邮　　编	100720
网　　址	http://www.csspw.cn
发 行 部	010-84083685
门 市 部	010-84029450
经　　销	新华书店及其他书店

印刷装订	北京君升印刷有限公司
版　　次	2016 年 5 月第 1 版
印　　次	2016 年 5 月第 1 次印刷

开　　本	787×1092　1/16
印　　张	10.75
插　　页	2
字　　数	116 千字
定　　价	39.00 元

凡购买中国社会科学出版社图书，如有质量问题请与本社营销中心联系调换
电话：010-84083683
版权所有　侵权必究

目　录

法国科研人才体制的举措与实践 …………………（1）

一　吸引海外人才与防止本国人才流失并举 ……（3）

二　修改《移民法》优化人才政策环境 ……………（6）

　（一）现行移民政策有助于法国吸引外国优秀
　　　留学生 …………………………………………（7）

　（二）"优秀人才居留证"制度有益于吸引专业
　　　技术人才 ………………………………………（8）

　（三）有益于外国企业的优秀人才赴法工作 ……（9）

三　优秀科研人才的培养与招募举措……………（10）

　（一）施行"卓越人才"计划 ……………………（11）

　（二）施行"优秀青年人才归国"计划 …………（15）

　（三）青年科研人才"专题激励行动"项目 ……（19）

####　四　法国国家科研中心的人才制度 ……………………（20）
　　（一）CNRS 科研人员的基本格局 ………………………（22）
　　（二）CNRS 的人才制度 …………………………………（23）
　　（三）科研人员的岗位与工作职责 ………………………（30）
　　（四）设立科学奖项激励科研人才 ………………………（32）
　　（五）CNRS 如何招聘科研人才 …………………………（33）

英国创新人才发展战略与机制 ……………………………（41）
一　英国人才概况 ……………………………………………（43）
　　（一）英国人口概况 ………………………………………（43）
　　（二）英国关于人才的界定及其特点 ……………………（44）
　　（三）基础研究人才济济 …………………………………（45）
二　国家创新人才培养战略 …………………………………（47）
　　（一）《创新国家》白皮书 …………………………………（48）
　　（二）《促进增长的创新与研究战略》……………………（50）
三　人才培养与发展管理机制 ………………………………（53）
　　（一）政府管理机制 ………………………………………（53）
　　（二）教育体系人才培养模式 ……………………………（60）
四　创新项目与创新人才经费支持 …………………………（66）

（一）政府中长期研发经费和创新项目中的

　　　　人才培养计划 ………………………………（66）

　　（二）高校、在职、专业人才培养资金 …………（71）

　　（三）英国政府对创新企业的支持 ………………（72）

五　案例分析：英国创意产业 ………………………（74）

六　国际人才流动 ……………………………………（76）

　　（一）人才流失严重 ………………………………（76）

　　（二）吸引外来人才 ………………………………（78）

七　结语 ………………………………………………（86）

德国人才培养与人才吸引的经验研究 ……………（90）

一　德国人力资源概况 ………………………………（91）

　　（一）德国各类人力资源的状况 …………………（91）

　　（二）德国人力资源的发展趋势 …………………（92）

　　（三）德国人才教育体系 …………………………（94）

二　德国专业人才、高科技人才发展战略 …………（97）

　　（一）德国本土人才的培养与激励机制 …………（97）

　　（二）吸引外来人才的政策 ………………………（106）

三　德国人力资源发展的相关经验总结 ……………（114）

　　（一）严格的师资培养 ……………………………（114）

（二）兼顾社会各类需求的人才培养体系 …… （116）
　　（三）陪伴终生的转岗和继续教育 ………… （119）
　　（四）制度设计是人才发展战略的根本 ……… （121）

日本吸引国际人才的动因、现状与主要障碍 ……… （123）
一　日本人力资源的优势与危机 …………… （125）
　　（一）各类人才资源的基本状况 ……………… （125）
　　（二）人才制度和社会环境优势 ……………… （130）
　　（三）日本人才资源面临的危机 ……………… （131）
二　日本吸引国际人才的演进与新动向 ……… （135）
　　（一）日本吸引国际人才的历史演进与制度
　　　　变化 ……………………………………… （135）
　　（二）日本吸引人才的种类与制度规定 ……… （142）
三　日本吸引国际人才所面临的障碍 ………… （149）
　　（一）日本引进国际人才与其他发达国家的
　　　　差距较大 ………………………………… （149）
　　（二）日本吸引国际人才的主要障碍 ………… （153）
四　结语 ……………………………………… （163）

后记 ………………………………………………… （165）

法国科研人才体制的举措与实践

张金岭[*]

摘要： 在优秀科研人才竞争日益激烈的国际背景下，法国逐步形成了吸引海外人才与防止本国人才流失并举的政策框架；政府先后数次修订《移民法》，落实吸引外国优秀人才的具体政策，鼓励他们到法国创业；施行多项人才计划，并有针对性地设立了不同的科研工作岗位，注意青年人才的培养；作为法国最大的自然科学与人文社会科学的最高综合性研究机构，法国国家科研中心不但实行科研人员终身聘用制度，还施行开放的科研政策，全面调动不同机构科研人员的合作，注意加

---

[*] 张金岭，中国社会科学院欧洲研究所副研究员。

强跨学科研究与各专业人才的跨学科合作，还注意人才培养与使用的国际合作，注重人才的合理流动等，并设有科研奖励机制，有效地调动了优秀人才的智力资源，其人才培养与使用制度值得借鉴。

关键词： 法国　海外人才　人才流失　人才计划　青年人才　法国国家科研中心

法国并不存在中国语境中的"人才"概念，但是这并不代表法国人没有"人才"观念，只不过他们有自己的表述方式。法国人所讲的 talents（有才能的人）、personne qualifiée（有能力的人）、personne de talent（有才干的人）、expert（专家）、cerveaux（智囊人物）等均有汉语中"人才"之义，只不过在法国的社会情境中并没有"人才"的类称，也不存在被冠以"人才"之名的社会群体，或者专门与"人才"相关的宏观制度建设与政策体系，但这并不意味着法国不重视"人才"，在不同的社会领域内，法国均建有不同的制度以培养和吸引各类人才，使之充分发挥其智力才能，为社会发展做出贡献。

本文重点探讨的是当代法国政府在吸引国内外科研

人才方面的一些举措，借以呈现法国在人才问题上的理念与制度建设，同时还以法国国家科学研究中心培养、招募与使用人才的实务举措为例，探讨法国科研机构的人才体制。

一 吸引海外人才与防止本国人才流失并举

目前，科学研究和高素质劳动力市场已经前所未有地国际化和全球化，法国在吸引外国优秀人才的问题上也面临着史无前例的国际竞争。新兴国家开始越来越重视人才，并出台很多优惠政策吸引人才，在此情势下，包括法国在内的一些西方国家开始出台一些政策防止人才外流，并谋划新举措吸引优秀的国际人才。

在科学研究领域内，法国政府出台的很多人才政策都是兼具吸引海外人才和防止本国人才流失的双重作用的。

目前北美、澳大利亚以及部分欧洲国家在吸引科研人才方面具有不少优势，比如适宜的工作条件、社会地位高、高收入、职业发展机遇多等，使得包括法国科研人员在内的一些优秀人才涌入这些国家。据统计，1996

至2006年间，有越来越多的法国科研人员外走北美洲，占同期人才外流的27%，而早在20世纪70年代，这一比例仅为8%。① 面对这种情况，法国不得不出台新的政策加以应对，比如积极修改《移民法》、出台以课题研究为导向的科研资助政策、有所甄别地吸引杰出人才赴法工作等。

面临日益增大的国际人才竞争的压力，优秀的年轻留学生成为法国人才政策的重要目标群体，也折射出法国在人才培养问题上具有深谋远虑的长远眼光。据经合组织（OECD）的统计，法国在吸收受过高等教育的移民数量的国家排名中一直位居前几位。② 有很多优秀的外国留学生或科研人员在完成学业之后选择短期或长期留在法国工作，而刚刚获得学位的年轻学生则又成为法国培养未来优秀科研人才的重要目标群体，法国政府不但

---

① 相关资料参考：http：//www.atlantico.fr/decryptage/fuite-cerveaux-france-est-elle-en-train-faire-perdre-talents-saeed-paivandi-534157.html。

② 法国跟很多发达国家一样，自1980年以来，逐步开始面临着其本国人才的外流。此前，国际人才流动主要是从南方国家向北方国家流动，后者基本上是最主要的国际人才目的地，但如今他们也不得不面临人才流失的情况，甚至可以说面临着人才流失的"威胁"。不过，据OECD的统计，就国际人才流动而言，法国在吸引人才方面一直是有盈余的。尽管有一些法国的人才出走其他国家，但也有大量的国际人才涌入法国。

会有所选择地吸引外国留学生留在法国工作，还特别注意吸引赴外留学的本国学生回国工作。①

随着留学时间的延长和学业层级的提高，留学生选择在留学国家定居或工作的可能性越大。因此，一方面对于不想让他们留下来的外国留学生，法国政府尽可能地减少他们居法时间，比如在学业间断期间，不再发放居留证。而另一方面，对于政府希望留下来的外国留学生，则会尽可能地想办法让他们延长在法国的居住时间。有研究表明，在法国的外国留学生中有超过三分之一的人在结束学业后留在法国。②

---

① 根据 OECD 的数据，2011—2012 年，法国在世界上对留学生最具吸引力的国家排名中位居第四。2011—2012 学年，在法外国留学生有 288540 人，占法国高等教育中在校生总数的 12%，相较于 1990 年，20 多年间增长了 75%。与此同时，法国赴外国的留学生有 77653 人，其中有 73% 的人赴欧洲国家留学（英国、比利时、瑞士和德国是位居前四位的留学目的地国家）。有一半以上的法国留学生是在"Erasmus"项目的资助下赴外留学的。该项目主要资助短期留学。相关资料参考：http：//www. atlantico. fr/decryptage/fuite－cerveaux－france－est－elle－en－train－faire－perdre－talents－saeed－paivandi－534157. html。

② 相关资料参考：http：//www. atlantico. fr/decryptage/fuite－cerveaux－france－est－elle－en－train－faire－perdre－talents－saeed－paivandi－534157. html。

二 修改《移民法》优化人才政策环境

近年来，法国先后于2006年、2007年和2011年数次修订《移民法》，在解决移民现象带来的某些负面问题的同时，也落实了一些有益于吸引外国优秀人才的具体政策，鼓励他们到法国创业工作。

2006年7月颁布的《移民法》修订条款中，"优秀人才居留证"（carte compétences et talents）[①]制度的建立是法国新移民政策中非常重要的一点。在2011年6月的《移民法》修订中[②]，新政策还规定一些出类拔萃的外国留学人员有可能获得法国公民待遇。

数次《移民法》修订中所出台的诸多新措施，不但为吸引各国优秀学生赴法留学提供了便利，也令法国吸

[①] 相关内容参见法国政府官方资料：http://www.immigration-professionnelle.gouv.fr/sites/default/files/fckupload/loi% 202006 - 911% 20du% 2024 - 07 - 2006. pdf; http://www.immigration-professionnelle.gouv.fr/textes-de-r% C3% A9f% C3% A9rence/cs-comp% C3% A9tences-et-talentsl; http://www.consulfrance-pekin.org/新移民法-优秀人才居留证.html。

[②] 相关资料可参见法国政府官方资料：http://www.immigration-professionnelle.gouv.fr/sites/default/files/fckupload/Loi_ 2011 - 672_ du_ 16 - 06 - 2011_ relative_ a_ l_ immigration. pdf。

引拥有专业技术、有利于法国繁荣的人士赴法工作获得了便利，同时还有益于扩大和方便外国企业集团在法国所设机构的内部职员的流动，进而有利于法国吸引和使用优秀的海外人才为法国的科学研究、社会发展做出贡献。

（一）现行移民政策有助于法国吸引外国优秀留学生

按照现行《移民法》的规定，所有赴法国学习大学硕士课程并持有长期学习签证的外国学生将自动获得以下居留证件：第一年为临时居留证；第二年起为多年居留证。外国学生在法求学期间，将被允许做零工，工作时间以不超过一个合法全日制岗位的60%为限（即一般为21小时），无须经过特别批准。外国学生在法国学习结束并获得文凭后，将被允许在法国延长居留六个月，以寻找或从事与其所学专业有关的带薪工作。六个月结束后，如果学生已获得一份工作或受聘承诺，将被允许在法国居住工作。由此，法国希望通过高等教育吸引海外高素质人才并为未来的社会发展储备优秀人才的思路异常明显。

（二）"优秀人才居留证"制度有益于吸引专业技术人才

"优秀人才居留证"的出台，旨在接纳能够以自己的技术和才能参与法国或本人国籍所属国的经济发展，以及知识、科技、文化、人文和体育传播的外国人。"优秀人才居留证"的持有者可以享有以下惠利：三年有效，区别于需要每年延长的普通临时居留证；涵盖法国入境许可（如同入境签证），在法国和留学生母国之间的出入境都无须办特别手续；证件持有人可以获得家庭团聚的许可，成年家庭成员可以获得有工作全权的居留证；在入境和法国居留方面，证件持有人的权利与拥有法国国籍的人士基本相等。"优秀人才居留证"可以申请延长。

外国学生在本国或法国结束高层次学习后，如果需要在法国寻找第一份职业，且能证明自己具有高水平的资质与才能，就可以向法国政府申请"优秀人才居留证"。

设立这项居留证的目的是让证件持有人的技术与才能在本国或法国有发展前途和作为，在其职业生涯过程中可以在法国和来源国交替居住。这相当于某种现代形式的"经济双重国籍",服务于两个国家的繁荣,即证件持有人的来源国和接纳他的法国。

(三) 有益于外国企业的优秀人才赴法工作

新的移民政策对外国企业投资法国提供了便利条件,尤其是有利于具有科研能力、专业技能高的外国人才赴法工作,有益于扩大和方便外国企业集团在法国所设机构的内部职员的流动。根据现行的《移民法》规定,除"优秀人才居住证"外,法国可为在法外国企业的员工发放"外派员工居住证""欧盟蓝卡"等证件,并为持有这些居留证件的外籍人士提供"一站式"服务,大大简化了外国专业人才在法工作的行政手续。[①] 在证件有效期内,持有人有权自由出入法国。

对于在法国工作的外国企业的员工,"优秀人才居住证"有效期为三年,可以延期,根据特定条件,发放给管理外国企业在法国所设立分支机构的外国公民;随行家属获发放"私人和家庭生活居留证",期限也是三年。

---

① 相关资料可参阅:http://www.invest-in-france.org/Medias/Publications/1969/2013 法国欢迎人才和投资.pdf。

"外派员工居住证"有效期为三年，可以延期，发放给集团内部调动人员；根据特定条件，该居留证适合于受派遣或签订合同而在法国分支机构工作的雇员；随行家属获发放多年期"私人和家庭生活居留证"。"欧盟蓝卡"有效期为三年，发放给高级资格雇员（完成三年或以上高等教育或有五年专业经验个人，其税前工资至少为每月4300欧元）的三年居留证；持任意欧盟成员国签发的欧盟蓝卡者可在18个月后向其他欧盟成员国申请类似居留证。

此外，法国政府还配有相应的针对外国人的税收优惠政策，比如免除国外收入所得税、免除财富税、减免资本收益税等，以最大限度地吸引外国优秀人才到法国创业工作。而且，2012年11月，法国出台的"国家发展、竞争力和就业计划"还宣布发放"人才护照"，以便于引入杰出外国人才，同时推出符合欧洲最佳惯例的签证发放程序。

三　优秀科研人才的培养与招募举措

作为一个科学研究的强国，法国在航空、能源、运输、医药、化学、军工等多个领域内取得了卓越成就，并一直保持领先地位，这些领先优势与其在科学研究领域内的体制建设与人才政策是密不可分的。法国吸引了大量优秀外国学生或科研人员赴法求学或工作，同时也特别注意培养本国的优秀科学人才，这些国内外的科研人员为法国科学事业的发展贡献了不可忽视的力量。

面对日益激烈的人才竞争，法国新近积极出台了一些针对优秀科研人才的政策，既吸引国际人才，又防止本国人才流失，吸引在海外学有所成的人才到（回）法国工作，并有针对性地设立了不同的科研工作岗位，注意对青年人才的培养。近年来，在科学研究领域内法国所施行的值得关注的人才举措有以下几点。

（一）施行"卓越人才"计划

从 2008 年开始，法国政府推出"卓越人才"（Chaires d'excellence）计划，由国家科学研究署（Agence nationale de la Recherche）[①] 具体负责。该计划的目标就

[①] 法国国家科研署成立于 2005 年 2 月，其主旨在于为科学研究提供资助，自 2007 年 1 月起，转变成为一个科研管理机构。其官方网站为：http://www.agence-nationale-recherche.fr。

是为了吸引优秀的外国或在海外的法籍科研人才，使之加入法国的学术研究机构，在其接待机构的支持下为他们提供科学研究的资助，建立自己的科研团队，为其提供最好的科研环境，完成将有重大影响的科研项目。该计划通过项目招标的形式进行，面向所有学科领域，每年面向全球进行一次招募，自实施以来，受到国际社会的广泛关注。

该计划为法国国内外优秀的科研人才提供三种类型的研究职位。①

1. 优秀青年学者职位

此类职位面向已经在国际层面上以其重要的科研成就而获得一定认知度的青年学者，他们获得博士学位的时间须为5—12年。受资助者可以在36—48个月的资助期限内拥有一个临时或正式的科研工作岗位（包括科研机构与高校），并在科研基础设施建设方面获得资助。

2. 优秀高级学者（长期）职位

此类职位面向已经获得博士学位10年以上、有丰富

---

① 具体内容可参阅2012年"卓越人才"计划的人才招募资料：http://www.agence-nationale-recherche.fr/fileadmin/user_upload/documents/aap/2012/aap-chexc-2012.pdf。

的研究经历并且在最高国际层面上已经获得不容置疑的认可度的优秀科研人才。资助时长为36—48个月。受资助者可以在国家的科研机构或高校中获得一个临时或正式的科研工作岗位，并在科研基础设施建设方面获得资助。

3. 优秀高级学者（短期）职位

短期高级学者职位的设立主要是为了吸引国外一流水平的学者与法国的研究团队就一些重要的科学研究领域开展交流活动。受资助者可以在法国的科研机构或高校中获得一个短期工作职位（18—24个月）。

在"卓越人才"计划的框架下，受资助学者的科研岗位会根据申请人的资质分配。以2012年的人才招募为例，优秀青年学者职位的获得者最高可获得50万欧元的经费支持，获得长期高级学者职位者可以拥有最高额度为100万欧元的科研资助，这两类职位的经费支持会在第一年内发放一半，可用于购置科研器材、维系团队运转，还可以以短期工作合同的形式招聘研究人员。这两类学者的工资不在上述资助经费内发放。

短期高级学者职位的获得者也可以拥有最高达100万欧元的经费支持（包括学者工资），其中70%的经费会在第一年内发放。除去受资助者的工资外，其余经费可用于购置科研器材、维系团队运转，也可以以短期工作合同的形式招聘研究人员等。

上述经费支持由接待这些优秀学者的机构发放，除此以外，受资助的学者还有可能获得其接待机构或其他部门（比如企业）的资助，以完成其科研工作，他们也可以与企业一起共同设计研究课题。

接待"卓越人才"计划学者的机构必须是位于法国境内的科研机构，不包括法国科研机构建立的国际合作研究单位，即便是法国在海外建立的研究机构亦无资格。接待青年学者与长期高级学者的机构可为这些优秀人才提供一个正式的工作岗位。[①] 如果该职位是一个临时岗位，其期限须不短于学者研究课题的时限。接待短期高级学者的机构也须为当事人提供一个不短于其研究工作时限的工作岗位。

"卓越人才"计划的申请人没有国籍限制，但在申请时必须在海外科研机构从事不少于4年的学术研究工作，而且这段经历不能是在法国科研机构国际合作或停薪留

---

① 依照其接待机构不同，他们可以临时或永久获得以下职位：普通研究员、副教授、主任研究员或教授。

职等框架下进行的。

"卓越人才"计划的人才招募在对申请人提交的材料进行审核后，由评审委员会指定外部专家对申请人的资质进行鉴定，出具书面意见，再由评审委员会根据专家意见对各申请人的研究计划进行审查、分类，随后再由审批委员会确立建议人选名单，最后由国家科学研究署确认并公布人选名单（有时会有候补人选名单）；此后便进入与相关机构进行协调阶段，落实对入选学者的资助。

评审委员会由法国国内外专家组成，主要对申请人的研究计划进行评审，并将其分别列入三个名单：优先人选名单、非优先人选名单和拒绝人选名单。审批委员会由一流的学术权威和科研机构代表组成，在评审委员会建立的基础上，最终确立受资助的研究计划名单。

（二）施行"优秀青年人才归国"计划

自 2009 年以来，法国政府实施了"优秀青年人才归国"计划（Retour post – doctorants），主要是为了吸引那些在法国获得博士学位（包括法国人和外国人），后又在海外从事过博士后研究的高水平年轻学者回法国工作。

法国政府认为吸引这些年轻人才回法国从事科研工作对于法国科学研究事业的发展至关重要。

"优秀青年人才归国"计划由国家科学研究署负责实施，是通过研究项目招标的形式进行的，所有学科领域的年轻学者均有机会。获得研究项目资助的年轻学者可以在时间最长为3年的期限内获得数额不菲的科研资助。

资助人选须由位于法国境内的研究机构推荐，与法国国内的研究机构有合作关系的国际研究机构或位于海外的法国研究机构都无此资格。而且，受资助者的研究工作须在法国境内实施，研究工作的时长一般为24—36个月。

应聘"优秀青年人才归国"计划的年轻学者必须在国际层面上拥有较高水平的科研成就，并且获得博士学位的时间不超过3年，申请该资助计划时，须有接待机构，同时在应聘材料中须提供一份好的研究计划书（包括课题内容、项目管理与经费预算等）。在受到"优秀青年人才归国"计划资助期间，学者本人可以参加研究机构的招聘。实际上，接受"优秀青年人才归国"计划的资助从事研究工作的经历有助于受资助者在法国的科研机构或企业里获取工作机会，这对于年轻人才的职业规划来说非常重要。①

"优秀青年人才归国"计划对于年轻学者的资助内容包括学者本人工资的全部或一部分,以及其科研团队中研究人员的薪酬,即包括一个博士研究生、一至两名博士后研究人员;还包括研究工作中所需要的基础设施建设、科研器材的购置、团队运转经费等,整个资助的上限为70万欧元。在此项计划中,国家科学研究署每月给受资助的学者本人所支付的工资不超过3100欧元。

"优秀青年人才归国"计划的评审工作由评审委员会和督导委员会负责实施。评审委员会由法国国内外的学界专家组成,督导委员会由学术权威和各科研机构的代表组成。在候选人资质评审阶段,先是由评审委员会指定至少两名外部专家对候选人的科研计划进行审阅并出具书面意见,随后评审委员会针对候选人的个人资质、研究计划等列出三个名单:建议人选名单、可接受人选名单和落选人员名单。督导委员会最终依照评审委员会的建议名单确立最后的受资助者名单。

---

① 相关资料可参阅：http://www.agence-nationale-recherche.fr/programmes-de-recherche/appel-detail/programme-retour-post-doctorants-edition-2009-2009/；http://www.agence-nationale-recherche.fr/fileadmin/user_upload/documents/aap/2009/aap-retour-postdoc-2009.pdf。

对于一个年轻学者来说，能否获得"优秀青年人才归国"计划的资助，其自身所拥有的科研资质与能力（已取得的研究成果）、所提出的科研计划（研究领域与议题的重要性）至关重要。

受资助者不能同时享受其他类似资助项目的资助。如果受资助者在其研究工作进行期间获得了某个科研机构的正式研究职位，国家科学研究总署将继续资助其研究工作的经费需求，但不再支付其工资。若其在某个企业或某个研究发展机构里获得了正式职位，则整个研究项目的资助全部终止。受资助者还被要求遵守科研活动的伦理守则等。

参加"优秀青年人才归国"计划的候选人若为法籍，其博士学位可以是在法国获得的，也可以是在其他国家获得的；若不是法籍，必须得在法国获得博士学位。无论是法籍或非法籍候选人，到申请截止时间，获得博士学位的年限应当在 3 年以内。申请人必须在法国以外的国家从事至少为期 1 年的博士后研究，在博士后研究工作结束后不超过 1 年的时间里申请才有效。

(三) 青年科研人才"专题激励行动"项目

在科学研究领域内，法国的人才政策特别注意以课题研究为导向，培养优秀的青年科研人才。在法国国家级的科研主管部门或科研机构中，设有很多面向青年人才发展的科研扶持项目，它们基本上都是以课题研究资助为导向的，在青年科研人才的成长中起到了至关重要的作用。

早在1990年，法国国家科学研究中心（CNRS）就开始实施面向青年科研人才的"专题激励行动"项目（Actions Thématiques et Incitatives sur Programme，ATIP），旨在为青年人才提供科研经费，鼓励和帮助他们在既有科研机构中创建自己的科研团队，并在其领导下进行科学研究工作。

该计划的受资助者年龄须在40岁以下，获得博士学位的时间不超过10年。受资助者可以与CNRS签订短期工作合同（CDD），在CNRS的科研机构工作，并可参与CNRS招聘科研人员的竞聘。"专题激励行动"项目资助时长一般为3年，如果受资助者在3年期研究资助结束前拿到了CNRS的正式科研职位，便有机会申请延长2

年期资助。

在"专题激励行动"项目的框架下，自2009年开始，CNRS还与法国国家健康与医学研究院（Inserm）合作建有"ATIP – AVENIR"项目，旨在培养健康与医学研究领域的青年人才。[①]"ATIP – AVENIR"项目主要在于提高法国科研机构中青年人才的科研领导能力，促进学术交流，吸引高水平的年轻研究人员。其资助期限基本上也是3年，受资助者也有再延期2年的可能。

该项目在挑选资助人选时，没有国籍的限制，也不要求候选人此前拥有正式的科研工作岗位，但要求候选人获得博士学位的时间不超过10年。在此资助项目下，3年内科研经费的支持力度最少为28万欧元，既可以用于购置科研设备，亦可招聘博士后研究人员。没有正式在编职位的受资助者每月可以领到至少3500欧元的工资。

四 法国国家科研中心的人才制度

后文以法国国家科研中心的人才制度为例，介绍法

[①] 相关资料参阅：http：//extranet.inserm.fr/content/download/62800/417615/file/AO_ ATIP – Avenir – 2013FR. pdf。

国科研机构在科研人才培养、招募与使用方面的具体举措。

法国国家科学研究中心（Centre national de la recherche scientifique，CNRS）成立于1939年，是法国最大的自然科学与人文社会科学的最高综合性研究机构，也是欧洲最大的基础研究机构之一。

CNRS由法国中央政府的高等教育与科学研究部托管，是法国最主要的研究机构，其科研活动涵盖自然科学和人文社会科学的所有领域，而且跨学科的特色明显。目前CNRS建有生物科学研究院（INSB）、化学研究院（INC）、生态学与环境研究院（INEE）、人文社会科学研究院（INSHS）、信息科学与交互研究院（INS2I）、工程与系统科学研究院（INSIS）、物理研究院（INP）、核物理与量子物理研究院（IN2P3）、宇宙科学研究院（INSU）等十个研究院，它们分别拥有数量众多的实验室、研究所（中心）等研究单位。

CNRS总部位于巴黎，并在里昂、马赛等主要城市设有19个地方管理机构，直接负责辖区内各隶属研究单位的管理，以及它们与各合作伙伴、地方政府的合作等。

（一）CNRS 科研人才的基本格局

CNRS 在全球享有盛誉，招募了法国国内和世界各国很多优秀的研究人才。截至 2012 年年底，它拥有 34000 名员工，其中正式在编的有 25505 人，包括 11415 名研究人员，14090 名科辅人员（工程师、技术人员和管理人员），还有 8174 名非正式在编的研究人员，包括博士生、博士后、兼职研究员和奖学金获得者。目前，CNRS 的科研人员中包括 18 位诺贝尔奖获得者、11 位菲尔兹数学奖获得者、1 位阿贝尔数学奖（Prix Abel）获得者和 1 位计算机科学图灵奖（Prix Turing）获得者等。

CNRS 重视开展跨学科研究，并与其他机构联合建设科研单位。目前，CNRS 在法国各地拥有 1029 个研究单位，其中 96% 是与其他研究机构、高等院校、企业，以及国外其他机构合作建设的。它还建有 111 个科研服务机构，其中 76% 以上是与其他机构（比如宇宙科学观测站、人文之家等）合作建设的。

CNRS 年均发表 30000 项科研成果。在法国每年发表的科学研究成果中，CNRS 研究人员的成果数量（医学研究除外）占到全国总数的 71%。大约有 58% 的科研成果是在与至少一个国外研究机构合作的基础上完成的。①

（二）CNRS 的人才制度

CNRS 拥有众多优秀的科学家，他们一般都是经 CNRS 招聘筛选后，被吸收为那里的专职科研人员的。CNRS 的学科配置与人才使用模式，有利于推进跨学科研究与科研人才的合作，使之优势互补，取得更大的科研成就。

1. 实行科研人员终身聘用制度

科研人员的终身聘用制是 CNRS 人才制度的一大特色，这是一个针对终身职业能力开发的体系。与其他西方国家的科研机构相比，这是法国在科研体制与科研人才制度方面所独有的，成为 CNRS 学术传统的基石。

CNRS 鼓励和扶持研究周期长的基础科研项目，这对立志于基础研究的大批学者来说具有很大的吸引力，也只有在终身聘用制的环境下，学者才有可能参与到长周

---

① 以上数据来源：http://www.cnrs.fr/fr/organisme/chiffrescles.htm。

期科研项目中。

终身聘用制度有助于稳定CNRS的学术队伍,可以帮助研究人员安心专注于学术研究,而不必考虑岗位竞争带来的压力;但是终身聘用制也有弊端,因不用担心竞争压力,一些研究人员虽然占据着优越的科研资源,却成果很少。因此,有学者呼吁,为完善终身聘用制,鼓励科研人员多出成果,CNRS亟须建立一套严格的判断研究人员业务水平的审查监管方案,对研究人员的业务贡献定期评估,从数量和质量两方面检查研究人员出版的学术成果等。[1]

2. 施行开放科研政策,全面调动不同机构科研人员的合作

实行开放型的科学研究是CNRS为促进和发展科研工作的一项重要的政策。早在20世纪60年代,CNRS就开始和其他科研机构、高等院校、政府部委、企业、地方政府、国际机构等广泛开展合作,并在此框架下产出了重要的科研成果,培养了一些优秀的科研人才。

CNRS施行的跨学科、跨机构的科研合作机制为科研

---

[1] 相关资料参见:http://www.cssn.cn/news/667031.htm。

人才的培养与使用提供了制度保障。CNRS 很多研究机构的设置是比较灵活的，基本上会以课题研究为导向，及时依照需求组建新的研究单位，并对已有研究单位进行重组，这种灵活的机制有利于人才的高效使用。

CNRS 注意调整其研究机构的类型和规模，除直属的科研机构外，还建有大量混合型、协作型科研机构。这些机构在科研管理、经费投入与研究人员组成方面各有不同，其灵活性充分地调动了科研机制建设与人才制度方面的积极因素，成为 CNRS 科学研究与人才制度方面的一大特色。[①]

法国的高等教育与科学研究是由同一个政府部门来管理的，这样一种体制建设，有力地把高等教育的人才培养、科学研究等优势与各学科领域内的科学研究工作密切地协调起来，从制度上建立良好的运作框架。高等教育与科学研究工作在制度建设上的统一协调，充分体现了法国人才制度的特色。实践证明，这种制度具有明显的优势。CNRS 就与法国各高校共同建有数量众多的研究机构，其

---

① 资料来源：www.dgdr.cnrs.fr/daj/publi/docs/guide_ sor－sos.pdf。

科研人员与高校教师①合作密切，涉及各个学科，共同支持科研项目，充分共享优秀科研人才的智力优势，并取得了享誉世界的学术成果。

3. 注意加强跨学科研究与各专业人才的跨学科合作

为充分发挥科研人员的才能，CNRS 积极鼓励和推进跨学科研究，并注意在其所属各研究机构之间对研究人员的科研团队进行调整，优化组合，优先开展不同学科领域的专家合作。

在跨学科研究中，CNRS 注意以课题为导向，合理调配人才的流动与合作。CNRS 施行科研合同制，其所属各研究单位每四年与国家高等教育与科学研究部、CNRS 签订科研合同，确立在四年工作期间需要开展的具体研究

---

① 法国高校中的教师（教授与副教授）一般都有"enseignants – chercheurs"的头衔，意即"教师—研究员"，这一称呼很明显地表明了教学与研究工作的密切结合。高校教师既是人才培养的主力军，也是科学研究工作的有生力量。应聘法国高校教师（教授、副教授）的职位一般包括两个步骤：一是获取由高等院校教师招聘主管机构法国大学委员会（Conseil national des universities, CNU）审查评定的资质，二是拿到资质后参与具体学校岗位的竞聘。应聘副教授（maître de conférence）岗位须拿到由 CNU 相关学科委员会（CNU 下设 74 个学科委员会）出具的胜任相关学科教师岗位的资质证书；应聘教授（professeurs des universités）岗位则须获得由 CNU 认定的研究指导资质证书（Habilitation à diriger des recherches, HDR）。应聘者须满足各高校公布的空缺岗位所提出的相关学科资质证书的要求。具体招聘工作由各高校自行组织。

课题、经费预算与实施方式。研究课题项目的筛选，可以由研究人员自行选题，各研究单位组织、协调并上报CNRS评审委员会进行审议、评估。筛选后由CNRS报国家高等教育与科学研究部审批。项目审批后，由国家下拨科研经费，科研人员独立地完成科研课题。

4. 注意人才培养与使用的国际合作

CNRS非常注意加强国际合作，这也是法国科研人才制度的一个突出特色。截至2013年4月，CNRS与世界上40多个国家签署了研究人员交流协议；每年大约有4600名国外科研人员到CNRS所属的研究机构从事研究；CNRS拥有1690名正式在编的外国科研人员，420名工程技术人员；有331项国际科研合作项目；与127个国际研究机构有合作关系；与112个国际研究网络建有联系[1]；建有30个国际混合研究机构；在海外建有27个联合研究机构；并在海外建有11个代表处。[2] CNRS的研究人员有相当多的机会参与国际学术交流活动。在CNRS的合作研究中，有很多课题是其研究人员

---

[1] 相关资料参见：http://www.dgdr.cnrs.fr/daj/international/GDRI_GDRE.htm。

[2] 相关资料参见：http://www.cnrs.fr/fr/organisme/chiffrescles.htm。

在参与国际学术交流活动中立项、实施的。

5. 注重人才的合理流动

CNRS所属的各研究机构实行所长负责制，在人才培养与使用方面拥有较大的决定权。CNRS的研究人员会根据他们的研究兴趣的变化与科研规则的需要被建议调整到不同的研究所或实验室，也有的研究人员会被建议流动到其他科研机构工作。每个科研人员都对应着国家科学研究委员会中的一个学部，后者会对科研人员的职业发展与科研成果定期进行评估，一般是每两年一次，并对科研人员在CNRS内部与外部的流动等提出建议。在CNRS的科研与人才体制中，有人专门负责人力资源服务，他们针对科研人员的职业规划，倾听科研人员的意见，并给出未来发展的建议。这种机制有益于科研人员找到最合适的研究岗位，加入最有利于他们发挥才智的研究团队，人尽其才。

在CNRS就职期间，研究人员也可以向其他公立或私立研究机构、国内外的高等教育机构或者是企业流动，也就是说可以有临时调动。这种机制增加了人才培养与使用的灵活性，成效明显。

在临时调动离开自己所属研究机构期间，研究人员保留原有的工作岗位，由接待机构支付薪酬，但可以继续在原属研究机构中保留职岗晋升的权利。在回原研究机构工作后，全面恢复原有的权利。在有些情况下，研究人员可以在保留 CNRS 的原有职位并继续由原属研究机构支付薪酬的前提下，到法国国内或国外的其他研究机构工作。这种情况一般是在 CNRS 的相关研究所与其他研究机构或高校共同签订的合作框架下进行的。当然，由于法国的公立研究机构与高校的科研资助均源自政府财政，CNRS 的研究人员或高校教师在原机构领取薪酬但却暂时到其他机构工作的情况比较普遍，而且从经费支持的角度来看，也具有广泛的可行性，毕竟公立研究机构或高校虽然各有独立性，但最终的财政支持来源于政府，人力资源成本的统筹比较便利，也不会因为科研人员的流动而增加额外开支。相反，这种人才流动制度却增加了各科研机构与高校人员交流的活力与项目合作的灵活性，有利于各研究机构发展能动性整合科研资源，有益于各领域与领域内智力资源的强强合作。

实际上，CNRS 旗下的研究机构除了一部分专属机构外，有很多都是与其他研究机构或大学、企业等共同设立的。在这些研究机构中工作的科研人员，除了隶属于

CNRS 的专职科研人员外，有相当一部分是在其他机构领取工资的科研人员。但 CNRS 与其他机构一起共同为科研人员的研究工作提供经费支持。

这样一种灵活的机制，打破了人才培养与使用方面受所属机构存在差异而导致的条块隔阂，充分激发了体制灵活带来的好处，在一定程度上避免了优秀人力资源分散所带来的负面影响，增强了合作的可能性与力度，集中优秀人才的智力资源，以合作的方式加强科研工作。

（三）科研人员的岗位与工作职责

CNRS 的在编科研人员具有国家公务员身份，其岗位基本分为两类：一是普通研究员（chargés de recherche），二是主任研究员（directeurs de recherche）[1]。普通研究员分为一级和二级两档；主任研究员除分一级和二级两档外，还有特聘主任研究员岗位。每一级普通研究员或主任研究员也分为几个不同的岗级，其薪酬水平也不同。

---

[1] 这两类岗位分别相当于中国专业技术人员职称系列中的"副研究员"和"研究员"的岗位，但在 CNRS 正式在编的科研岗位中并不存在"助理研究员"和"研究实习员"的对应岗位。

研究人员的薪酬除每月固定的工资外,还有年度奖金。

研究人员一般是由 CNRS 的主任指定分派到相关研究所,并受各研究所主任的领导。普通研究员在主任研究员的指导下开展研究工作。他们每两年提交一份科研活动报告,由国家科学研究委员会组织专家进行评估。

作为一个涵括多个学科的学术研究机构,CNRS 向来以致力于知识的增长并促进社会进步为使命,因此对其科研人员的职责要求也是多元的。首先是科研产出(工作重心):包括在重要学术刊物上发表文章、出版专著、撰写研究报告等;推广科研成果:比如申请专利、参与学术会议等;科学信息传播:比如撰写科普文章,参加面向公众的会议与广电节目等;培养人才:指导学生与实习生等。此外,科研人员还可以为企业服务,甚至可以创建自己的企业。据统计,自 2000 年以来,CNRS 建立了 700 多家创新企业。

按照 CNRS 的科研定位,其研究人员需要在各自领域内为知识的发展做出贡献,并在对社会发展有益的企业与相关领域内推动知识的转化与应用。除了科研工作外,他们还有传播科学科技信息与文化的任务,也有培养博士研究生、指导博士后与年轻学者的职责，有些也要做科研管理方面的工作。

各研究单位的负责人由本单位研究人员选举产生，不是政府任命，负责项目的协调工作，不享受双重级别（行政级别和研究级别）的待遇，实现了真正的科研队伍专业化。

（四）设立科学奖项激励科研人才

CNRS 设立的很多科学研究奖项，也成为鼓励和培养优秀科研人才的一种有效机制。这些奖项面向的不仅是 CNRS 的科学家，还包括其他研究机构、高校以及企业中的科研人员。目前，CNRS 设有如下几种奖项。

1. **学术科研金奖**（Médaille d'or du CNRS）

设立于 1954 年，该奖授予对法国的科学研究做出特殊、卓越贡献的科学家。评奖时考察的是候选人整体的科研成就。

2. **科研创新奖**（Médaille de l'innovation du CNRS）

该奖项于 2011 年设立，主要奖励在科学技术、医疗、经济或社会领域内做出非凡科学成就的科学家（包括科研人员和工程师）。

3. 学术科研银奖（Médaille d'argent du CNRS）

该奖项比较倾向于奖励那些刚刚开始科学研究工作，但已经做出有创新性的重要研究成果，在国内外学界有影响力的科学家。

4. 学术科研铜奖（Médaille de bronze du CNRS）

主要奖励那些在某个学术领域内有发展前途并有丰富的科研成果的科学家，考察的是候选人做出的第一项科研成果。

5. 学术科研水晶奖（Cristal du CNRS）

自1992年以来，在科辅人员（工程师、技术人员与管理人员）中评选"水晶奖"（Cristal du CNRS）。这一奖项旨在奖励那些具有创新能力、优秀的技术水平与创新精神，为科学发现与知识生产的进步、对法国科学研究事业的发展做出贡献的科辅人员。

（五）CNRS如何招聘科研人才

CNRS每年都会通过外部竞聘的方式面向全世界集中进行科研人员的招募工作。时间基本是在每年12月开始，至次年10月才完成整个招募工作。除在CNRS网站上或通过负责人才招聘工作的机构广泛发布外，每年科研人才招聘广告一般会于前一年的12月份在政府公报上公布。

以2013年科研人员招募为例，CNRS计划在2013年招募307位科研人员，涉及自然科学与人文社会科学的所有学科领域。2012年12月3日至2013年1月7日为应聘注册时间，2013年2月至7月为应聘者材料筛选和面试时间，2013年7月公布结果，受聘人员于2013年10月1日起开始履职。

除科研人员外，CNRS每年也会招聘科辅人员，包括工程师、技术人员与行政管理人员。尤其值得注意的是，CNRS每年还特意招募身有残疾的科研人员和科辅人员。招募身有残疾的优秀人才，既是CNRS履行法国在劳动就业方面相关法案的一种义务，也是法国人才政策的一个特色。

1. 人才招聘的基本程序

CNRS招聘科研人才的基本程序包括以下几个步骤。

（1）由CNRS面向全球统一发布招聘广告，要求应聘人员在规定时间内针对相应岗位报名并提交应聘材料。

（2）各岗位招聘委员会对应聘者的应聘资格进行审查，确保应聘者满足各岗位的任职条件，公布资格审查合格的正式候选人名单。招聘委员会由研究人员、国家科学研究委员会①中相关学部与跨学科委员会的成员组成。

（3）候选人资质审查。主要是对候选人提交的应聘资料进行审阅，重点审查他们的学术能力，并根据情况安排对候选人进行面试，由各招聘委员会依照优先次序列出拟录取人员的名单。

（4）录用审查。CNRS统一公布最终确定的拟录取人员名单，录取人员办理入职手续。在录用审查阶段，拟录取为普通研究员的候选人的最终审核由各研究所的录取委员会决定，该委员会的主任由研究所所长担任；而拟录取为主任研究员的候选人的最终审核则由科研中心所属各研究所共同成立的录取委员会来决定，其主任为科研中心的主任。有些普通研究员的岗位因为跨越多个研究所，候选人的最终录取也须由科研中心统一的录取委员会来决定。最终公布的拟录取名单按优先次序排列，有时会有候补名单。

---

① 国家科学研究委员会（Comité national de la recherche scientifique，CoNRS）在法国的科学研究领域内扮演着特别重要的角色。国家科学研究委员会由41个学部组成，也包括一些跨学科委员会，是对CNRS所属研究所与研究人员进行评估的部门。该委员会不但要制定CNRS的科学研究政策，对法国科学研究工作的现状与未来进行分析评估，还参与人员招聘、研究人员的职业规划与研究机构的宣传推广等工作。

面向全球统一发布招聘广告 → 应聘资格审查 → 候选人资质审查确立拟录取名单 → 录用审查，入职

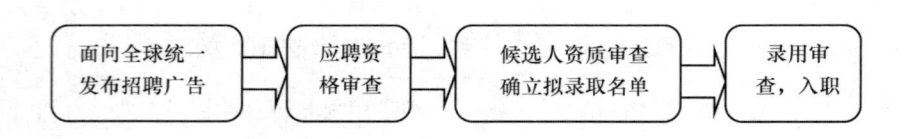

图 1　CNRS 人才招聘的基本程序

一般情况下，被录用人员于当年 10 月 1 日起任职，但也可以延期入职。录用者的岗位由科研中心的主任任命，根据国家科学研究委员会相关学部与相关研究机构的意见，被分配到科研中心所属或与之有合作关系的机构中工作。被任命为普通研究员者，在成为正式研究人员之前有一年的时间是实习公务员的身份。候补录用者在拟录用者退出竞争或职位仍有空缺的情况下也有被录用的机会。

2. CNRS 招聘科研人才的条件

CNRS 在招聘科研人才时考察的基本上是应聘者的学术资质与能力，通常不会对应聘者的学历、教育背景等有硬性规定，也不设立任何年龄与国籍的限制。① 但是在研究人员的岗位设置方面，通常会有年限资历方面的

---

①　CNRS 的科研人员是国家公务员。早在 1983 年，法国政府就以法令的形式对在科学技术领域的公立机构中工作的公务员的相关基本条件进行了一般性的规定。相关资料可参见：http：//www. legifrance. gouv. fr/affich-Texte. do？cidTexte = JORFTEXT000000316777&categorieLien = id。

规定。

（1）应聘普通研究员二级岗位者须至少拥有博士学位[①]或同等能力资质。

（2）应聘普通研究员一级岗位者除须拥有博士学位或同等能力资质外，还须有至少四年正式的科学研究工作经历。这一经历可以是在国内外的公立或私立科研机构或高等教育机构，也可以是在企业中。

（3）应聘主任研究员二级岗位者，须拥有三年以上在法国高等教育与科学研究部所属机构中任职普通研究员一级岗位的经历，若没有上述经历，须在满足普通研究员二级岗位任职条件的同时，提供至少八年科研工作经历的证明。也就是说，主任研究员二级岗位可以是法国公立研究机构或高等教育机构中曾任职普通研究员一级岗位者，也可以是在此科研体系之外的其他研究人员。

（4）应聘主任研究员一级岗位者，除须满足普通研究员二级岗位的任职条件外，还须拥有从事至少12年科学研究工作的经历，而且候选人在应聘时不能在法国高等教育与科学研究所所属的科研机构中担任主任研究员

[①] 法国的博士学位制度较为复杂，尤其是在不同时期所授博士学位的名称各有不同。

岗位的工作。这样的制度规定意在吸引更多的高层次优秀科研人才到科研中心工作，避免科研人员的近亲繁殖，让研究机构不断注入新的智力资源。

也就是说，担任主任研究员二级岗位者若要在科研中心晋升一级岗位，在有职位空缺的情况下，需要到其他机构工作，然后再来应聘。这就在客观上推动了科研人员的流动。

如果有应聘者不能满足上述条件，但通过国家科学研究委员会的认定，可以给予具有同等资质的应聘者候选人的资格。在科研工作中做出突出贡献的求职者应聘主任研究员岗位时，在对任职条件的限制上可以放宽。

法国国家科研中心的很多研究岗位都涉及不同的学科或跨学科，因此在每次科研人员的招募中，对于求职者就职岗位的数量没有限制。但对于应聘普通研究员一级岗位者，求职者最多只能参加3次招募应聘，如果在这3次中有两次通过了资格审查进入拟录用名单中而未被最终录取，可以参加第4次应聘。这种制度可以避免人才招募中机会的滥用。当然，应聘者也可以在提交应聘材料后，在招聘委员会举行第一次会议时间3天前取消自己的应聘，以免在被录用可能性不大的情况下浪费机会。

3. 应聘 CNRS 科研岗位需要提交的材料

一般情况下，应聘 CNRS 不同的科研岗位，须提交的材料内容也不一样，由此反映出的是对候选人资质考察的侧重点不同。

应聘普通研究员岗位须提交的材料包括：一份简历；学位证书复印件；一份介绍既有研究工作的报告；所有已发表科研成果的清单，附已发表的重要研究成果全文（应聘二级岗位最多提交 3 篇，应聘一级岗位最多提交 1 篇）；一份研究意向计划书，说明可以加入的研究机构，并可以附知名学者的意见书；博士论文答辩委员会的意见书与论文（可选项，但建议提交）。

应聘主任研究员岗位须提交的材料包括：简历一份，要求内容要明确候选人的职业经历；学位证书复印件；科研活动报告；所有已发表科研成果清单，附重要科研成果全文（最多 5 篇）；科研意向计划书。

CNRS 是一所国家级的知识创新机构，在法国乃至世界上享有盛誉，这与其所取得的卓越的科学成就密不可分，而这些科研成就的取得离不开它所拥有的很多在法国乃至世界范围内都属一流的自然科学家和人文社会科学学者，有些人的学术成果与思想在世界具有重要影响。它之所以能够集中一大批优秀的科学人才和资源，与其颇具特色的科研体制与人才制度密不可分。CNRS所施行的人才制度也体现了法国对待人才的观念与体制建设，为法国在知识创新与发展中走在世界前列发挥了重要作用。

综合来看，法国在科学研究领域内的人才培养与使用制度有其特色，很多政策举措兼具吸引外国优秀人才与防止本国人才流失之效。既有宏观政策环境的调整，又有具体人才项目的实施。法国也特别注意吸引优秀的国际人才，并为其提供与法籍人员几乎同等的待遇与工作条件。

法国科研人才的培养和吸引基本上是以课题研究资助为导向的。既注意项目人才的甄别，选择那些真正具有科研资质与能力的研究人员，也注意为科研人才的职业发展铺设道路，为其进入法国的科研机构或高校取得正式的科研岗位创设条件。科研人才挑选、培养与使用的流程比较明确。优秀的年轻科研人才是法国人才制度所瞄准的重要群体，充分显示了法国注意为未来科学研究与社会发展储备人才的战略定位。

英国创新人才发展战略与机制

李靖堃　曹　慧　张　磊*

摘要：尽管自第一次世界大战之后，英国的总体经济实力呈现相对下降的趋势，但它在科研与开发领域，特别是在创新方面仍有很大优势，这些优势的取得无疑离不开对创新人才的重视和培养。在这方面，英国有许多值得我们学习和借鉴的经验。英国对于人才的界定十分宽松，人才政策也非常灵活。与此同时，政府在制定具有长期性和全局性的人才发展战略方面发挥了关键作用，此外，英国还形成了多层级的全面人才培养机制，

---

* 李靖堃，法学博士，中国社会科学院欧洲研究所政治研究室主任，副研究员；曹慧，博士，中国社会科学院欧洲研究所助理研究员；张磊，法学博士，中国社会科学院欧洲研究所助理研究员。

特别是注重教育机构与企业、社会之间的联系。当然，英国在吸引和留住人才方面同样也存在着一些不足，特别是在人才外流方面。

关键词： 英国　创新　人才

在当今世界，各个国家之间的竞争日趋激烈。除了其他各种因素之外，人才的质量和数量在很大程度上决定着一个国家在国际竞争格局中的地位，因此，培养人才，特别是高端人才，同时强化创新能力，成为了世界各国提升竞争力的首要选择。英国是工业革命和近代科学的发源地，也是老牌资本主义经济强国，同时还是世界上科学技术最发达的国家之一。尽管自第一次世界大战之后，其经济实力相对下降，但它仍然是世界上的一支重要经济力量，其GDP总量排名世界第七位。这在很大程度上得益于它在科研和开发领域，特别是创新方面取得的成就：在欧洲联盟发布的"欧洲创新排行榜"（European Innovation Scoreboard）[①] 上，英国的综合创新

[①] "欧洲创新排行榜"是欧盟委员会针对欧盟成员国的综合创新能力制作的排名表，详细情况见 European Commission, "Innovation Union Scoreboard", http://ec.europa.eu/enterprise/policies/innovation/facts－figures－analysis/innovation－scoreboard/。

能力一直名列前茅（2008—2009 年被列入"创新领导者"行列，此后排名略有下降）。而这些成就又来源于英国历届政府及全社会对于人才，特别是创新人才的重视。

一 英国人才概况

（一）英国人口概况

根据英国国家统计局的统计结果，英国全国共有人口 6320 万（2011 年），[①] 其中，就业人口为 2973 万（截止到 2012 年年底）[②]。按照职业类别，英国国家统计局将就业人口划分为九大类。在全部就业人口中，从事这九类职业的人口所占比例分别为：[③] 管理人员与高级官员（包括公司管理人员、政府官员、零售店店主等），占 16.9%；专业人员（包括科研人员、工程师、医生、教

[①] Office for Statistics Bureau, "Population", http://www.ons.gov.uk/ons/taxonomy/index.html? nscl=Population.

[②] Office for Statistics Bureau, "Labour Market Statistics: February 2013", http://www.ons.gov.uk/ons/rel/lms/labour-market-statistics/february-2013/index.html.

[③] Office for Statistics Bureau, http://www.ons.gov.uk/ons/rel/lms/labour-market-statistics/february-2013/table-emp08.xls.

师、律师、法官、信息技术专业人员等），占 13.6%；专业助理人员与技术人员（包括护士、药剂师、工程技术人员、艺术家、作家、社区工作者、运动员等），占 15.4%；行政人员和秘书（包括政府公务员、公司秘书等），占 10.5%；技术工人，占 9.9%；从事个体服务的人群（包括看护儿童和老年人、导游、理发师、家政服务人员等），占 8.8%；销售与客户服务人员，占 7.3%；制造业和加工工业部门的工人，占 6.2%；从事最基础性工作的人群（包括农业工人、清洁工、搬运工等），占 11.4%。

（二）英国关于人才的界定及其特点

在英国，并没有关于"人才"的固定解释或得到大家一致认可的定义，甚至也没有"人才"这样一个专门用语，而是视不同语境应用不同的称谓，例如"技术人才""高端技术人才""极端优秀人才"等，但都没有正式和统一的界定。正如英国政府在 2011 年发布的《促进增长的创新与研究》白皮书所说，不存在放之四海而皆准的人才衡量标准，而是取决于教育和职业等多种因素。

由此也可以看出，英国关于人才的界定十分宽泛和灵活。尤其是近年来，英国引进了美国、瑞典等国家现代管理中的"业绩文化"概念，从而改变了原来过于注重文凭的传统观念。同时，其"人才"概念涵盖的范围也在不断扩大，越来越不局限于获得硕士以上学位的人士；另外，"人才"所涉及的专业领域也越来越多样化，除狭义的技术人员之外，还包括管理人员和销售人员等各领域的人士。

在人才的培养和提供方面，英国除重视政府的指导作用之外，还非常重视让市场发挥主导作用，政府极少直接干预人才市场的供求关系。这也是英国在人才发展方面的一大特点。

（三）基础研究人才济济

英国人才济济。在西方发达国家中，英国各类技术人才和专业人员的比例均名列前茅。另外，尽管其研究经费的投入远远少于法国和德国等国家，但在大多数科学研究和开发领域的排名都仅次于美国。仅举一例。英国的人口仅占世界人口的1%，但其产出的科学论文却占全世界发表的论文总数的8%，论文引用率为13%

(居世界第一)。①

特别是,英国在基础研究方面占有绝对优势,尤其是在生物、医学、信息、金融、教育等领域。这一点突出体现在其诺贝尔奖获得者的人数上。截止到2012年,共有79名英国人获得诺贝尔奖,其中19人获物理奖,21人获化学奖,23人获医学奖。② 英国的诺贝尔奖获得者人数仅次于美国,与法国、意大利、日本、俄罗斯、加拿大、荷兰和西班牙获奖人数的总和大致相当。

除一贯重视基础研究领域的人才培养之外,近年来,英国政府还大力推进创新产业的发展,重视对创新人才的培养,特别是在服务部门和创意产业的创新方面,英国的表现十分突出。

---

① 转引自郑海燕《英国人才培养的政策措施》,《国外社会科学》2005年第2期,第70—77页。

② 该数字来源于诺贝尔基金会官方网站:http://www.nobelprize.org/nobel_prizes/lists/all/create.html? active = 1&cat _ all = all&year1 = Type + year&year2 = Type + year&laureate = Type + a + name + or + names + of + a + Laureate&born_ in% 5B% 5D = 23&born1_ year = 0&born1_ month = 0&born1_ day = 0&born2_ year = 0&born2_ month = 0&born2_ day = 0&citation = Type + a + word + or + words + from + the + prize + motivation + text&sorting = default。

二 国家创新人才培养战略

迄今为止,英国的人才培养大致经历了三个阶段,即从改革现代"学徒制"到规范职业教育,再到注重创新和创意人才的培养。20世纪90年代以来,随着经济的发展,尤其是"知识经济"时代的到来,英国越来越注重培养能力型和创新型人才。特别是1994年首次公布创新白皮书《实现我们的潜能——科学、工程和技术战略》以来,英国更是大力发展创新产业,突出创造性人才的培养。但是,英国从来没有制定过一项单一、全面的"人才"培养与发展战略或规划,而是分散于各个不同部门,以及关于教育、科技、技能发展等不同领域的多个文件中,例如《2004—2010年科技与创新投资框架》等文件。由于各种原因,特别是本文篇幅有限,因此不可能穷尽所有这些文件,只能重点阐述以下两项相对比较完备且有代表性的发展战略,并从中总结出有特色、有借鉴意义的创新人才培养路径。

（一）《创新国家》白皮书

2008年，当时的英国工党政府发表了名为《创新国家》(Innovation Nation) 的科学与创新战略白皮书。[①]

除前言外，该白皮书分为9个部分，分别是：政府的作用、需求创新、支持企业创新、创新研究基地、国际创新、创新人才（Innovative People）、公共部门创新、创新场所，以及要成为"创新国家"而需要进一步采取的措施。该白皮书中的多个部分都包含英国的创新人才培养和开发策略，尤其是强调加强对人才以及知识的投入，强调激发各个层次人才的活力，强调将科技发展战略与人才发展紧密结合在一起。特别是其中的第六部分，即"创新人才"部分，详细阐述了政府应该如何发掘、培养和开发人才。

首先，白皮书对"创新人才"予以了全新的阐释，其范围被大大拓宽。"创新人才"不再局限于传统意义上的高端科技人才，而是广泛地涵盖多种知识、多种技

[①] Department for Innovation, Universities and Skills, *Innovation Nation*, http://www.bis.gov.uk/assets/BISCore/corporate/MigratedD/ec_group/18-08-C_b.pdf.

能和多个领域的各类人才,即不仅包括技术人才,也包括研发人才、管理人才、企业家和营销人才。而且,白皮书特别强调优秀领导人才和管理人才在创新过程中发挥的关键作用,认为尽管英国不缺乏优秀管理人才,但管理水平普遍落后,从而影响了企业的总体表现。同时,白皮书还强调各类人才的协同合作在创新过程中所起的作用,以及创新环境、创新基础设施在发挥创新人才潜能方面具有的重要功能。

其次,以上述界定为基础,白皮书全面阐述了英国的人才发展战略,尤其是在教育领域。主要包括以下措施:(1)继续大力发展继续教育,并将人才培训与企业创新结合起来,主要途径是通过"继续教育知识与技术转让"(FE Knowledge and Technology Transfer)计划、继续教育与创新基金(FE Specialisation and Innovation Fund),以及"雇主获益"(Train to Gain)培训计划等来实现这一目标。(2)继续提升高等教育作为人才培养重要基地的作用,为此,政府拟在10—15年采取以下措施:"新大学挑战计划"(New University Challenge),特别是增加高校与企业的互动;出台"高等技能战略"(Higher Level Skills Strategy),进一步促进有助于企业创新的高等技能发展；采取措施增加科学、技术、工程和数学等学科的高校学生数量。（3）注重青年创新人才的教育，重点在于培养年轻人的创新精神与创新、创业能力。

除上述针对人才培养和开发的战略之外，该白皮书还针对不同部门的创新制订了有针对性的计划，以期将英国建成一个"创新国家"。可以说，该白皮书是迄今为止最全面、最完整的国家创新战略规划。

（二）《促进增长的创新与研究战略》

2010年保守党与自由民主党联合政府上台后，仍然将推动创新与培养创新人才作为其政策重点。特别是，在面临全球金融危机、经济低迷不振的情况下，英国政府越发将创新作为恢复经济增长的首要举措。2011年12月，英国政府发表《促进增长的创新与研究战略》（*Innovation and Research Strategy for Growth*），[1] 为本届政府任内的创新人才培养确定了指导方针。

---

[1] Department for Business, Innovation and Skills, *Innovation and Research Strategy for Growth*, http://www.bis.gov.uk/assets/BISCore/innovation/docs/I/11 – 1387 – innovation – and – research – strategy – for – growth.pdf.

该报告共分为六个部分，其侧重点与《创新国家》白皮书有所不同，着重强调的是企业创新，对人才培养问题的关注明显不是重点，因此，与前述白皮书相比，该白皮书事实上并非系统的人才培养战略。但是，尽管如此，它并没有忽略人才培养的重要性。特别是，该白皮书指出："政府要发挥应尽作用，与商业、学术界和社会合作，为培养世界上最优秀的发明家和最优秀的发明创造最佳环境。"白皮书第五部分中有关于发展人力资源的专门阐述。

白皮书强调，创新技能是指，为创造、适应或推动变革所必需的、以人为载体的能力的总和。因此，人力资源可归属为最无形的资产，而专利、研发、软件、设计等均为人类专业知识的结果。创新表现既取决于技术技能，也取决于组织、管理以及销售技能，还取决于工业和商业模式。提高技能需要有投入，且具有风险，而且成本很高，并具有不确定性。而目前的英国普遍存在着技能短缺情况。创新人才主要包括以下几个类别：（1）得到良好培训的科学家和工程师，这是创造新产品和新服务所必不可少的；（2）组织人才、管理人才与销售人才，因为这是将新产品和新服务转化为生产力所不可或缺的；（3）除上述专业人才外，掌握全面技能的普通人才同样重要，特别是擅长语言、数学和信息技术的人才，因为这是学习和掌握新技能所必需的。

为提升英国的总体创新技能，白皮书提出了以下四个优先发展的政策领域：（1）加强公共部门、私营部门与其他部门之间的合作，加强创新体系内部的知识传播与共享；（2）推动并加强知识基础设施，特别是高等院校、研究机构以及信息机构的建设；（3）推动各个经济部门的企业投资，不仅包括高科技领域，也包括中低端的科技活动；（4）改善包括中央政府和地方政府在内的公共部门在促进创新方面的潜力，使其成为重要的创新驱动者。

此外，自 2009 年起，英国政府还每年发布《创新年度报告》，[①] 对包括创新人才在内的年度发展情况进行总结和评估，同时提出改进措施以及未来的发展政策。

---

① Department for Business, Innovation and Skills, *Annual Innovation Report 2012*, https://www.gov.uk/government/uploads/system/uploads/attachment_data/file/34805/12－p188－annual－innovation－report－2012.pdf.

三 人才培养与发展管理机制

(一) 政府管理机制

尽管英国重视市场在培养创新人才方面的作用,但不可否认,创新离不开政府的参与和支持。特别是,政府在制定和实施人才发展战略中发挥着主导作用。"如果政府政策支持教育、技能和研究,创造一个稳定的宏观经济和开放式的竞争市场,那么创新将随处可见。"[1] 英国政府十分注重创新人才的培养与发展:"政府通过资助高等教育、继续教育、产业技能委员会(SSCs)和国家技能研究院(National Skills Academies, NSAs),影响英国创新人才的供应。"[2]

商业、创新和技能部是英国负责创新及创新人才培养的政府部门,此外还设有一些专门性的公共机构负责科研、技术与创新。

---

[1] Department for Innovation, Universities and Skills, *Innovation Nation*, http://www.bis.gov.uk/assets/BISCore/corporate/MigratedD/ec_group/18-08-C_b.pdf.

[2] Ibid..

1. **商业、创新和技能部**（Department for Business, Innovation and Skills）

2009年6月，英国政府改组内阁，将原商业、企业和制度改革部（BERR）与创新、大学和技能部（DIUS）重组为商业、创新和技能部（BIS），联合政府上台后保留了这一部门设置。商业、创新和技能部是英国负责创新事宜的主要政府部门，其宗旨是将英国建成世界上创新能力最强的国家之一，并确保英国在全球经济竞争中拥有足够的创新人才。该部的主要职能包括：发展高等教育和继续教育体系，为学生提供在全球就业市场中竞争所必需的技能；鼓励和支持创新，发展英国的科学与研究事业；确保制定和实施能够公平对待企业和消费者的消费者法，同时消费者知晓自身权利并能有效运用这些权利；支持英国商业的发展，提高该部门的生产力，并有能力在全球参与竞争；制定更好的规则，取消不必要的规则，使规则更加简单易懂，帮助商业节约时间和金钱，并提高商业活动的效率。该部2012—2013年的工作重点包括以下内容：为高校提供1亿英镑支持长期研究项目；为参加继续教育的学生引入新的贷款体系；在英格兰创建单一的制造业咨询服务机构（Manufacturing

Advisory Service，MAS），以取代之前的 8 个地区服务机构；使英国成为世界上成立企业速度最快、手续最容易的国家之一；扩大雇员要求弹性工作的权利，构建新型父母共享育婴假体系；赋予公众和企业挑战最差规则的机会等。① 该部负责撰写的《科学和创新网络：2011—2012 年度报告》（*Science and Innovation Network*：*Annual Report 2011 - 2012*）开篇即提到："科学和创新在促进繁荣和可持续发展，解决主要的全球挑战，如气候变化、能源安全、网络犯罪和流行疾病等方面都具有关键作用。"② 目前，除英国之外，世界上还鲜有其他国家设有部一级的政府部门专门负责创新事宜。

2. 专门性研究理事会（Research Council）与科学学会

专门性研究理事会是英国创新管理方面的一大特色。英国目前共有七个研究理事会（Research Councils UK，RCUK），是由英国公共资金设立的国家级研究机构，归

---

① 参见英国商业、创新和技能部网站：https://www.gov.uk/government/organisations/department - for - business - innovation - skills/about#responsibilities。

② Department for Business, Innovation and Skills, *Science and Innovation Network*：*Annual Report 2011 - 2012*, https://www.gov.uk/government/publications/science - and - innovation - network - annual - report - 2011 - 12.

商业、创新和技能部管辖，但在行使职能时拥有极强的独立性。每个专门性研究理事会负责一个专业学科领域，分别是：(1) 艺术与人文科学研究理事会（Arts and Humanities Research Council, AHRC）；(2) 生物技术与生物科学研究理事会（Biotechnology and Biological Sciences Research Council, BBSRC）；(3) 工程与自然科学研究理事会（Engineering and Physical Sciences Research Council, EPSRC）；(4) 经济与社会科学研究理事会（Economic and Social Research Council, ESRC）；(5) 医学研究理事会（Medical Research Council, MRC）；(6) 自然环境研究理事会（Natural Environment Research Council, NERC）；(7) 科学与技术设施理事会（Science and Technology Facilities Council, STFC）。①

研究理事会每年从英国政府获得大约 25 亿英镑的公共基金，占英国政府科学预算总额的 50% 左右，用于学术研究以及培养研究生，其范围涉及各个领域和全世界范围的重大前沿课题。主要研究领域包括：医学、生物学、天文学、物理学、化学、工程学、社会科学、经济

---

① 参见英国研究理事会网站：http://www.rcuk.ac.uk。

学、艺术和人文科学等；重大前沿课题涵盖如下六大主题：环境变化、全球稳定、健康老年、数字经济、纳米技术和新能源。研究理事会研究基金所资助的大部分项目都是采用激烈竞争的方式，通过严格和公正的同行评议机制评选出最优秀的科研项目进行资助。研究理事会十分强调知识转移的作用，认为人才是知识转移的核心，因而鼓励大学和公司的互动交流，支持学术界与商业界研究人员的交换，提倡在公司与研究人员之间建立伙伴关系。为此目的，研究理事会通过支持构建网络和"成员身份计划"等途径来保证研究人员能够在商业环境中工作，并支持建立"知识转移伙伴关系"（Knowledge Transfer Partnerships，KTPs）。[①]

英国研究理事会非常注重国际合作，注重与世界各地的优秀科研人员开展合作研究。例如，英国研究理事会中国处于2007年在北京成立。该处先后资助了一系列推动中英两国科研人员进行研发合作的活动，其中包括40个研习班和30场研讨会，在能源、二氧化碳捕获和封存、食品安全、社会科学等方面进行交流，并取得了阶

---

① RCUK Knowledge Transfer Portal, http://www.rcuk.ac.uk/kei/ktportal/Pages/home.aspx, last accessed on 21st April 2013.

段性成果。双方还将在诸如智能电网和电动汽车、能源储存、新能源等领域进一步展开合作。①

除了研究理事会之外，英国还有为数众多的科学学会，其中最为著名的是英国皇家学会（The Royal Society）。该学会始创于1660年，是英国最具名望的科学学术机构，其会员均为尖端科学领域的领军人物。皇家学会是一个独立、自治的机构，在制定章程、选举会员时独立操作，无须政府批准，但与政府的关系又非常密切。英国政府为皇家学会提供财政资助，英国女王伊丽莎白二世也是学会的赞助人之一。学会没有自己的科研实体，它的科学研究、咨询等职能主要通过指定研究项目、资助研究、制订研究计划、帮助会员与工业界联系，以及开展研讨会等方式予以实现。学会相当于英国的国家科学院，在国内外代表英国科学界。该学会还是国际科学联合会的创始成员国之一，并在欧洲科学基金会中发挥积极作用。多年来，它与英国国内及世界各地众多的科学组织都建立并保持着互利合作关系。②

---

① 新华网：《英国研究理事会中国处庆祝成立5周年》，http://news.xinhuanet.com/yzyd/tech/20120929/c_113249392.htm。

② 参见英国皇家学会网站：http://royalsociety.org/。

3. 英国技术战略委员会（TSB）

英国技术战略委员会成立于 2004 年，当初隶属于英国创新、大学和技能部，是政府的咨询机构。随着英国政府对技术创新工作的进一步重视，2007 年 7 月，该机构从创新、大学和技能部中独立出来，成为一个"非政府部门性质的公共机构"（Non – Departmental Public Body，NDPB）。技术战略委员会的主要任务是驱动创新，鼓励在那些可以最大限度促进英国经济增长和提高生产力的领域进行技术辅助式创新。① 其目标在于使英国在创新领域成为全球领导者，并吸引各类能够快速应用技术、有效和可持续地创造财富并提高生活质量的创新企业。

英国政府给予技术战略委员会大量资金支持。在 2011—2015 年的四年间，英国政府的资助额超过 10 亿英镑，支持以商业为导向的科学研究。② 技术战略委员会与其他机构建立了有效的伙伴关系，如商业、创新和技能部，以及各个研究理事会等。

技术战略委员会设有众多项目以鼓励创新，如，"弹

---

① 参见英国技术战略委员会网站：http://www.innovateuk.org/aboutus.ashx。

② 同上。

射中心"（Catapult Centres，帮助创意迅速成功转化为商业机会）、"Smart"基金（为中小企业提供创新基金）、"知识转移网络"（Knowledge Transfer Networks，KTNs）等。英国技术战略委员会之所以建立"知识转移网络"，是因为它认为"知识转移"是使英国商业能够成功处于全球技术和创新领先地位的关键所在。"知识转移网络"是一个遍布全国的网络，它的目的是将各个领域——商业、研究机构、大学、技术组织、政府、金融和政策部门——的人才联系在一起以激励创新。英国目前共有15个"知识转移网络"，通过合作和联系，这些网络进而形成了一个"网络的网络"。[①]

（二）教育体系人才培养模式

英国人才培养的传统模式素以严谨的治学态度和自由独立的学术思考著称。但是，自20世纪90年代以来，由于日益激烈的全球竞争、金融危机的影响以及国际格局的不稳定等，英国开始突出创新人才的培养，对人才的需求也由学术型向能力型和创新型转变。众所周知，教育体系

---

① 参见英国技术战略委员会网站：http://www.innovateuk.org/deliveringinnovation/knowledgetransfernetworks.ashx。

是人才培养的首要"阵地",英国也将创新人才培养理念贯穿教育体系的始终:中小学阶段的人才培养模式是英国创新人才培养的基础,高等院校是培养创新人才的关键,继续教育体系则是创新人才培养的有效补充。

1. 基础教育阶段的创新人才培养

英国自基础教育阶段就开始注重培养创新人才,既注重培养学生独立思考、发现问题和解决问题的能力,又注重学生的全面发展。中小学阶段的许多课程特别重视营造轻松的课堂气氛,激发学生浓厚的兴趣,充分发挥每个学生的主观能动性,使学生积极地参与教学活动,与教师和其他学生进行密切的互动。英国学生自小学起就需要常常利用图书馆和网络查阅资料,或者亲自动手完成很多任务。小学生就需要在课堂上"做报告"(presentation),向大家报告自己的研究成果。

英国中小学校不仅重视理论课程的教育,而且把劳动体验、社区活动等实践纳入基础教育课程,注重培养学生的发散思维,鼓励学生进行创作,培养学生的创新精神。近年来,林间学校(forest school)逐渐兴起,成为英国蓬勃发展的中小学创新型人才培养模式之一,并逐步影响到高等教育、成人教育、特殊教育等领域,甚至影响到众多的社区。林间学校大致分为以下几类：野外考察、感觉活动、林地生产、工艺品制作、培养团队精神和信任感、环境保护、提升想象力、体育游戏和建构类林间学校等，对于培养学生的创新能力起到了很好的作用。[①]

2. 高等院校的创新人才培养

英国高等院校十分注重对创新人才的培养。很多高校自本科起就有导师指导学生的学习（tutorial system）。导师主要对学生的研究能力进行指导，包括论文的写作方式、逻辑结构等，鼓励学生发表自己的观点，尤其是与众不同的见解。学生的培养方案包括必修模块、选修模块、研究模块和辅导模块。除了老师传统的授课外，高校一般都有小规模的讨论课（seminar），大家围绕着某个主题进行讨论，老师只起引导作用，学生则是讨论课的主体。为了有效地进行讨论，学生课前需要进行大量准备工作，包括文献和资料的收集、分析和综合，实验，小组集体讨论等。讨论课的主要目的在于培养学生的科学思维、独立自主进行研究的能力以及团队合作的

[①] 刘建、魏志英：《英国创新型人才培养模式》，《中国民族教育》2012年第11期，第42—44页。

精神，为创新人才的培养打下坚实的基础。

长期以来，英国的雇主都在传递一个重要信息，即"毕业生不具备当今社会企业所要求的必要技能"。为了扭转这一局面，一方面，大学采取众多措施来提高学生的知识和技能；另一方面，大多数学生也有充实自己、提高职业技能的强烈愿望。以市场为导向、学术与能力相结合的创新型人才培养模式在逐步形成。

英国很多大学都设置有就业中心，组织各种求职培训与企业宣讲活动。如伦敦政治经济学院不仅长期吸引世界著名金融公司举办宣讲活动，而且成功地邀请诸如联合国秘书处、世界卫生组织等机构参加"国际组织宣讲会"，为学生就业开辟更加广阔的市场。英国很多大学都设置有特色课程，如三明治课程。学生可到企业训练1年或到欧盟国家的姊妹学校学习1年。除此之外，英国学生的实习制度也很有特色，学校鼓励学生充分利用每个假期到企业中实习，以获取更多的商业经验。

此外，英国的大多数大学都与工商界保持着密切的联系。因为人们清楚地认识到：经济和社会的繁荣取决于健康的、不断创造财富的商业。而"大学是21世纪知识经济（knowledge - based economy）的力量源泉"①。知识经济的繁荣主要在三个关键方面依靠大学：第一，研究能力的应用和开发；第二，在学生之间发展起来的企业和企业文化；第三，毕业生知识和技能的适用性。大学本身难以实现这些目标，而要实现这些必须依靠大学和企业之间的紧密合作、伙伴关系与相互理解。比如西门子公司和林肯大学的合作、宝洁公司与杜伦大学的合作、BAE系统公司（BAE systems）与布里斯托大学的合作都取得了丰硕的成果。企业资助大学进行研究，有针对性地培养企业需要的人才，为学生提供实习机会；大学为企业提供技术支持，对企业员工进行培训，帮助企业持续不断地创新，使之更具创造力和竞争力。目前，在英国国家层面和地区层面，已经有众多的网络帮助大学、企业和研究技术组织之间建立联系。这些网络结构是有效革新体系的关键组成部分。②

---

① Sir Tim Wilson D. L., *A Review of Business - University Collaboration*, preface, https://www.gov.uk/government/uploads/system/uploads/attachment_data/file/32383/12 - 610 - wilson - review - business - university - collaboration.pdf.

② Sir Tim Wilson D. L., *A Review of Business - University Collaboration*, https://www.gov.uk/government/uploads/system/uploads/attachment _ data/file/32383/12 - 610 - wilson - review - business - university - collaboration.pdf.

3. 继续教育体系

除学校教育外，英国还有非常完善的继续教育体系。英国政府在继续教育改革议程范围内制定了关于更广泛地促进和支持继续教育知识与技术转让的战略，主要包括以下几个方面。

（1）劳动现代化：包括员工借调、与企业进行双向交流，加大继续教育与知识转让合作关系的力度。

（2）向企业宣传继续教育知识与技术转让：其中包括，地区发展机构进一步投资地区继续教育计划；通过"商业链接"提高雇主接受继续教育的意识；通过地区发展机构和地区技能合作协议向当地就业与技能委员会宣传继续教育。

（3）增强继续教育知识与技术转让的能力：包括，利用国家技能研究院和范围更广的专家网在整个继续教育系统推广继续教育知识与技术转让，并以此为依据不断提高新标准的鉴定推行能力。[①]

[①] Department for Innovation, Universities and Skills, *Innovation Nation*, http://www.bis.gov.uk/assets/BISCore/corporate/MigratedD/ec_ group/18 - 08 - C_ b. pdf.

四　创新项目与创新人才经费支持

（一）政府中长期研发经费和创新项目中的人才培养计划

英国政府每年用于科学和研发的经费约为 46 亿英镑。英国政府在 2010 年 10 月发表的《2011/12—2014/15 年度科学和研究经费分配》报告[①]中，详细描述了科研经费与创新经费的分配情况。其中，国家级的各类研究理事会约为 25 亿英镑，英格兰教育基金理事会约 17 亿英镑，国家级科学院（包括皇家学会、英国科学院和皇家工程学院）约 0.8 亿英镑，英国空间署约 1.6 亿英镑。现将科研经费、项目课题、人才培养的安排等总结如下（见表 1）：

---

① Department for Business, Innovation and Skills, *The Allocation of Science and Research Funding 2011/12 to 2014/15: Investing in World – class Science and Research*, http://gov.uk/government/uploads/system/uploads/attachment_data/file/32478/10 – 1356 – allocation – of – science – and – research – funding – 2011 – 2015.pdf.

表1　英国科研经费、创新产业和人才培养计划

（2011/2012—2014/2015年度）

领导机构	优先创新领域和项目	人才培养	合作机构
艺术与人力资源研究理事会（0.1亿英镑/年）	新媒体；电脑游戏；音乐、时装、设计、影视；文化遗产、语言	"联系的社区"计划；"区块赠款伙伴"计划下的研究生培训项目	跨理事会
生物技术与生物科学研究理事会（3.51亿英镑/年）	全球食品安全研究；生物成像、生物分子鉴定技术；家畜疾病，如口蹄疫；粮食研究；工业生物技术，化学工业	"生物能源中心"投资于校园研发的"跟随基金"；"博士生培训计划"	跨理事会、技术战略委员会、跨政府部门、企业、苏格兰政府等；动物健康研究所
工程与自然科学研究理事会（7.48亿英镑/年）	创意制造中心；能源和技术（4.39亿英镑）；数字经济（ICT，在线服务，1.06亿英镑）；健保技术（0.23亿英镑）	"工业博士学位中心"；"创意制造中心"；"博士培训中心"	跨理事会、大学；跨理事会、技术战略委员会、气候变化部、低碳创意组、企业等；跨理事会；医药理事会、技术战略委员会，国立健康研究院等

续表

领导机构	优先创新领域和项目	人才培养	合作机构
经济与社会科学研究理事会（1.53亿英镑/年）	全球经济表现； 国家数据中心； 环境、能源； 安全、冲突和正义	重点加强战略领域的博士生培养	跨理事会，大学和企业
医学研究理事会（5.46亿英镑/年）	分层医学（0.6亿英镑）； 再生医学（1.3亿英镑）； 上瘾研究（0.1亿英镑）； 神经退行性疾病（1.5亿英镑）； 实验和转化医学（2.5亿英镑）	"医药研究和创新中心"	跨机构
自然环境研究理事会（3亿英镑/年）	能源； 全球食品安全； 与环境变化共存		其他研究理事会、国家能源研究中心、跨政府部门

续表

领导机构	优先创新领域和项目	人才培养	合作机构
科学与技术设施理事会（3.6亿英镑/年）	天文学、核物理研究；投资大学研究中心；支持大学常驻和离任研究人员	保证博士生数量稳定；为各研究理事会提供700个博士生的带薪培训机会；精英奖学金计划；为15个博士后第一阶段研究设立"学生增强计划"；重点支持物理和天文研究生培养；建立"技术和创新技能训练中心"；"科学和创新校园"计划等	技术战略委员会；各研究理事会；高等教育基金理事会；大学；企业
英格兰高等教育基金理事会（16亿英镑/年）	政府确立的优先领域研究	"高等教育创新基金"（1.5亿英镑，其中1.13亿英镑用于科学与研发）；"研究杰出框架"；"技术创新中心"	各研究理事会；技术战略委员会；企业

在2013年3月发表的《对研究、发展和创新领域的投资》①中，英国政府进一步强调，保证每年46亿英镑流动资金用于科学和研究计划。在政府正常预算外，新增加5000万英镑成立英国空气动力中心，5000万英镑投资于支持石墨烯的商业化，1.45亿英镑投资高速计算、数据存储和宽带网络，以及1.8亿英镑支持生命科学领域创新研究的商业化。

在航空航天领域，英国政府将投入21亿英镑资金（2013—2020年）用于研发，创造11.5万个就业机会，并成立由政府和企业共同资助的"英国空间技术研究所"。②

在核技术领域，③英国政府将投入3000万英镑，资助36个项目。该资金将由60个中心企业和大学共同参与，开发和研究核电站的建设、运行和退役的新技术。

---

① Department for Business, Innovation and Skills, "Investing in Research, Development and Innovation Policy", http://www.gov.uk/government/publicies/investing－in－reserach－development－and－innovation.

② Department for Business, Innovation and Skills, "UK Aerospace Industry Receives £2 Billion Investment", http://www.gov.uk/government/news/uk－aerospace－industry－receives－2－billion－investment.

③ Department for Business, Innovation and Skills, "£31 Million Injection for New Nuclear Technology in the UK", http://www.gov.uk/government/new/31－million－injection－for－new－nuclear－technology－in－the－uk.

（二）高校、在职、专业人才培养资金

英国政府在2011年的《促进增长的创新与研究战略》白皮书中表示，英国高校以知识为基础的商业服务产值已超过每年30亿英镑，且以每年4%的速度增长。[①] 在2009—2010年间，以大学领先技术为依托的大学企业年营业额已高达18亿英镑，拥有1.7万人的研发队伍。此外，为加强大学和企业的联系，高等教育创新基金还提供资金，资助技术转化、人力资源和技能培训以及知识网络的建立。其中，每年向英格兰提供1.5亿英镑。

在技能培训上，英国商业、创新和技能部努力为雇主提供更直接的信息，并提供资金资助职业培训。英国政府建立了"雇主计划"（Employer Ownership Pilot Scheme），为企业提供2.5亿英镑的职业培训。该计划第一期有34个项目，约1.67亿英镑（6700万英镑公共资金和9800万英镑私人资金）已投入运行。通过该计划，

[①] Department for Business, Innovation and Skills, *Innovation and Research Strategy for Growth*, http://www.bis.gov.uk/assets/BISCore/innovation/docs/I/11-1387-innovation-and-research-strategy-for-growth.pdf.

预计将为英国学生提供1.1万个实习机会（含4400个专门提供给16—18岁年轻人的实习机会）、2.7万个职业课程和4.9万个培训机会。第二期项目将于2013年秋季开始，计划投入2.5亿英镑资金。

在专业人才培养上，如表1所述，各类工程师、专业和高级技术人员的培养计划已融入各优先领域的创新项目中。政府的中长期经费规划保证了人才培养的稳定性，如在2013—2016年间的"空间战略"项目中，政府和企业将共同资助500个空间工程学硕士学位。

（三）英国政府对创新企业的支持

1. 研发税收信用

调研报告显示，在英国，仅占总数6%的创新型高增长公司提供了私人部门40%的工作机会。因此，政府愿意为此类公司提供更多的资金支持，并给予这些公司税收信用（tax credit）。[①] 对于获得研发税收信用的公司，政府提供相应的公司税减免，即任何行业无论企业规模

---

① Department for Business, Innovation and Skills, *Innovation and Research Strategy for Growth*, http://www.bis.gov.uk/assets/BISCore/innovation/docs/I/11-1387-innovation-and-research-strategy-for-growth.pdf.

大小或处于何种发展阶段，只要从事研发投入，均可申请税收信用。截至 2010 年 3 月底，共有 10 亿英镑税收信用获得认可，这也就意味着企业投入研发之中的资金有 110 亿英镑。

同时，英国不断调整税率制度，以使其投资环境比世界其他国家具有更大的竞争力。《促进增长的创新与研究战略》白皮书显示，在 2011 年预算中，英国政府对中小企业（少于 500 名雇员企业）的研发税收信用做了重大调整，即将合理开支的减免额度从 2011 年的 200% 上调到 2012 年的 225%。同时，对小型企业适用简单税制体系，使其更容易获得研发税收信用。

2. 风险投资

英国政府试图通过一系列改革和行动，将英国发展成欧洲增长最快的金融商业中心。在《促进增长的创新与研究战略》白皮书中，英国政府计划向"企业投资基金"投入 2 亿英镑，并向"地区增长基金"投入 5000 万英镑，作为联合投资的天使资金。此外，还计划改革投资者税收减免制度，将投资人在"企业投资计划"中的收入税减免额提高到 30%。政府还将继续入资欧洲最大的技术基金——"英国创新投资基金"。另外，由五大银行共同建立的总额为25亿英镑的"商业增长基金"还将为高增长的企业提供200万—1000万英镑的资金支持。

五 案例分析：英国创意产业

英国是"创意产业"的发源地。20世纪80年代，在制造业等传统行业面临危机的形势下，英国政府提出"创意产业"理念，调整产业机构，利用公共政策推动创意产业发展，使英国实现了由"世界工厂"向"世界创意中心"的转变。

1993年，作为国家文化发展战略研究报告，英国在《创造性的未来》一文中，首次将"创造性"提升到国家政策的高度。随后，为刺激经济，工党提出了"推动创意经济，革新文化政策"的口号，并获得广泛认同。1997年，布莱尔政府成立了由其本人担任主席的"创意产业特别工作小组"，并在1998年发布的第一份研究报告中，将创意产业定义为"源于个人创造力与技能及才华、通过知识产权的生成和应用，具有创造财富并增加就业潜力的产业"。依据这一界定，游戏软件、电视与广播、出版、表演艺术、音乐、电影与录音带、时尚设计、工艺、广告、建筑、时装设计、软件、古董13个行业被归为创意产业。

2008年，工党政府发布《创意英国：新人才新经济》白皮书①。其中强调，英国是创意国家，创意产业拥有200万就业人口和约600亿英镑年产值，约占全国国民生产总值的7.3%。据统计，在1997—2006年的十年间，英国整体经济增长了70%，而创意产业增长了93%。同期，英国创意产业的年增长率为6%以上，而英国整体经济的平均年增长率仅为2.8%。与创意产业相关的就业人员占英国就业人口的一半。发展创意产业已经成为英国推动经济增长和降低失业率的有效策略。到2013年，创意产业将为全国提供5000个正式实习机会。

在《创意英国：新人才新经济》白皮书中，英国政府强调了对创意产业中研究和创新的支持，如英国技术战略委员会（TSB）为创意产业的研发合作提供100万英镑资金支持。此外，该委员会框架下还将成立一个专

---

① Department for Culture, Media and Sports, *Creative Britain: New Talents for New Economy*, http://webarchive.nationalarchives.gov.uk/+/http://www.culture.gov.uk/images/publications/CEPFeb2008.pdf.

门的"创意产业知识转移网络",以便将科研、教育和企业联系起来。为帮助从事创意产业的中小企业发现新技术,国家科技和艺术基金会也将投入300万英镑。此外,英格兰艺术理事会和地区发展署也为优秀的中小创意企业提供资金和风险投资。

在人才培养上,英国设立了总额为2500万英镑、为期三年的"发现人才"项目,为具有艺术和文化天分的儿童和年轻人提供每周5小时的培训,如学习乐器、歌唱、参加演出、学习视觉、影像制作等技能。

六　国际人才流动

(一) 人才流失严重

自20世纪70年代以来,英国人才,尤其是科研和教育领域的优秀人才有外流到美国的"传统"。据英国官方数据统计,在20世纪70年代到80年代期间,英国大学的教师和研究人员减少了11%。近年来,尤其是2008年以来的经济危机,引发了新一轮人才外流。全球经济放缓导致英国国内经济增长乏力,无法为高校毕业生提供充足的工作机会,因此,英国本科生或研究生只能选择到海外就业。据英国高等教育统计局（HESA）统计，自2008年经济危机开始以来，毕业于英国大学的本科生到海外就业的人数增加了27%（2008—2011年），牛津大学和剑桥大学的毕业生离开英国的人数在四年内更是增加了43%。[1] 另外，英国国内大学学费近期提高至每年最高9000英镑，这将导致更多的英国公民赴海外求学。

除美国外，新兴国家也成为英国外流人才的主要目的地。英国超过1/3的大学生毕业即面临失业，很多人开始在新兴国家寻找更好的机会。[2] 去往亚洲的人数增长最快，较同期增长了51%。因为签证方面的便利条件，英国毕业生前往大洋洲国家的人数同期也增长了49%。[3]

人才的大量流失令英国政府十分担忧。英国内政部的一份报告称，大部分离开英国的人是出于找工作或更换工作岗位的目的：2008—2010年间，约89%的对外移民处于工作年龄，约72%的人出于与工作相关的原因离开英国。2010年，英国专业人士占对外移民总数的

---

[1] 路透中文网：《就业机会匮乏，英国遭遇人才外流》，http://cn.reuters.com/article/macroexonomicsNews/idCNSB209825720121113。

[2] 同上。

[3] 同上。

48%，而1991年仅为37%[①]。英国政府担心，人才的大量流失"可能对英国技术人才的供应带来影响"。前内政大臣催促英国政府停止"伤害自己的做法"，改变移民政策，使企业可雇用更多外来专业技术人才，以推动经济增长。[②]

英国人才外流存在诸多原因，除了如上所分析的经济危机导致的失业率上升、大学学费上涨以及科研和教育人员工资薪酬偏低之外，英国科技政策的导向也影响着本国人才的去向。英国每年46亿英镑的科研经费只能保证那些属于"优先科学和研发项目"框架下的技术和机构，而不在这一框架下的技术人才则很难得到重视和资助。

（二）吸引外来人才

英国政府长期秉持开放的人才观，倡导多元文化以及"多民族共存"意识，重视引进来自世界各地的高技能人才。在吸引外来人才方面，英国有如下一些特点：

[①] 汉娜·库赫勒：《英国内政部警告：中产专业人才外流》，《金融时报》中文网，http://ftchinese.com/story/001047386。

[②] 同上。

第一，在面临本国人才外流日益严重的情况下，英国也没有限制本国人才外流，尽管这在一定程度上造成了本国人才的损失，但却创造了一种"来去自由"的氛围，也有利于吸引外来人才；第二，与其他欧洲国家相比，英国政府给予创业者的条件非常优厚，也在移民政策方面有一定的倾斜；第三，英国个人所得税相对较低；第四，英国高等教育机构学术环境宽松，向来以广泛的学术自由著称；第五，英语作为国际语言，有着其他语言所不可比拟的优势。

1. 英国吸引的外来高端人才情况

英国国家统计局（Office of National Statistics，ONS）自2005年起开始对移民到英国的人口进行统计。[①] 从英国政府为外来移民签发的工作签证来看，2005—2012年间，由于工作目的而移民到英国的人口总体趋势是，2007年达到高峰，为24.2万；此后虽略有起伏，但基本上呈逐年下降趋势，2012年减少为不足15万。其中，高技术移民的发展趋势略有不同：2005—2008年呈上升趋

[①] 可参见英国国家统计局的《移民统计季报》（*Migration Statistics Quarterly Report*），http：//www.ons.gov.uk/ons/search/index.html? newquery = migration + statistics + quarterly + report。

势，2009年基本上与2008年持平，而2010—2012年则持续下降。例如，2010年，共有16.7万外国人到英国工作，其中高技术移民为32970人，技术移民为68210人；2011年，共有14.9万外国人到英国工作，其中高技术移民为22793人，技术移民为66366人；2012年，共有14.5万外国人到英国工作，其中高技术移民为18018人，技术移民为68108人。

根据一篇研究报告，[①] 2005—2010年，来自欧洲经济区以外国家的被雇用人员占英国工作人口总数的1.3%，而2000—2005年这一比例为2.5%；而在那些被定义为"具有战略意义"（strategically important）的部门工作的员工中，来自欧洲经济区以外国家的员工比例则要略高一些，2005—2010年为2.0%（2000—2005年为3.1%）。但是，在拥有高级职位的员工中，外国移民所占比例与英国本国人相差无几：在"具有战略意义"的部门，在高级岗位员工中，英国人、欧洲经济区成员国公民与来自欧洲经济区以外国家公民的比例分别为：

[①] Anitha George, Mumtaz Lalani, Geoff Mason, Heather Rolfe and Chiara Rosazza Bondibene, *Skilled Immigration and Strategically Important Skills in the UK Economy*, http://www.ukba.homeoffice.gov.uk/sitecontent/documents/aboutus/workingwithus/mac/research－skill/niesr－skilled.pdf? view = Binary.

28%、22%和24%。这一点在信息产业部门尤其明显，特别是中国人和印度人已经占有相当大的比例。

2. 改革移民制度，吸引国外高科技人才

英国政府主要通过移民政策来吸引国外高科技人才。但是，其移民政策并非一成不变，而是随着人口结构、经济形势等方面的变化而不断进行修订。最近一两年来由于移民大量流入英国，英国政府的移民政策有所收紧。然而，虽然其目前的总体趋势是更加严格地限制非法移民，但对于技术移民（skilled individuals），尤其是某些专业领域的急需人才以及极为高端的人才，则仍然持开放态度。

针对来自不同地区的移民，英国政府分别适用不同的移民政策。大体上可分为以下几个地区。

（1）英联邦国家[①]：作为英联邦成员国之一，英国政府对于来自其他英联邦国家的技术人才有一些特殊规定，特别是，他们不需要办理工作签证，即可在英国工作2年。此举吸引了大量来自澳大利亚、加拿大等英联邦国家的高技术人员。

---

① 英联邦国家包括大多数英国前殖民地，目前共有53个成员国。

（2）欧洲经济区国家和瑞士：[①] 英国是欧洲经济区成员国之一。根据有关规定，英国需遵守人员自由流动原则，即，欧洲经济区任何成员国的公民及其家庭成员均有权在其他任何一个欧洲经济区成员国自由居住和自由寻找工作。这一规定也适用于瑞士公民。

（3）除英联邦和欧洲经济区以及瑞士以外的国家：英国自1971年开始实行严格的《综合移民管制法》，其目的是阻止外来劳工进入。但是，随着时间的推移，英国社会的老龄化情况愈益严重，此外，还有相当一部分人才流失到美国等其他国家，再加上2008年之前英国经济保持了长期增长，上述种种因素综合起来，英国政府从2000年开始酝酿修改《移民法》，并调整外来移民工作许可证制度，重点是放宽对来自欧洲经济区以外的技术移民的法律限制。该计划被称为"高技术移民计划"（HSMP），自2003年1月28日起正式实施。

根据该计划，符合技术移民条件的申请者将被免除许多条件的限制，特别是在医疗护理、电子及通信技术、

[①] 包括28个欧盟成员国以及冰岛、列支敦士登和挪威。

教育、建筑、飞行工程以及临床心理学等人才短缺情况十分严重的专业领域。修改后的一些新举措包括不设立职业限制，没有硬性语言要求等。同时，判别是否为高技术人才、签发工作许可证的特殊权力也直接下放到一些大型公司和科研机构。一般情况下，只要是大公司雇用的海外人员，英国政府都将其视为高技术移民而予以发放签证。尤其是，该计划与工作许可证计划相比一个最大的优势是，申请人在没有获得雇主所提供职位的情况下也可申请高技术移民。

对于在英国获得学位的外国人士，英国政府也对工作许可做了相应修订，特别是规定，在英国大学毕业后可以立即得到工作许可，而不再需要至少 2 年工作经验；在英国参加培训和工作实习项目的外国人毕业后可直接得到工作许可，而不必再像从前一样必须先离开英国，然后再申请到英国工作；同时还将工作许可的最长期限由原来的 4 年延长为 5 年。此外，如果已经获得工作许可的外国人想要从事兼职工作，也不再像从前一样需要再申请其他工作许可。

从 2003 年 1 月起，英国内政部借鉴美国移民政策的经验，使修订后的技术移民政策相对于美国、加拿大更为简单、快速。该移民计划当年就为英国吸引了来自世界各地的7000多名高技术人才。

2004年10月，英国政府又启动了"理工科毕业生培养计划"，其目的是弥补英国理工科人才缺乏的状况。该计划规定，在英国高等教育或继续教育机构取得相应资格的非欧洲经济区国家的学生完成学业后，可继续无条件留在英国，并在英国寻找工作，期限为找到工作之前12个月。

英国政府的一系列举措成效显著，在2008年之前，每年有大约10万名来自欧洲经济区以外的技术工人和专家进入英国，并获得了工作许可证，为英国经济的发展做出了卓越贡献。

但是，自2008年起，受全球金融危机的影响，英国经济陷入衰退，失业率居高不下，在这种情况下，英国政府逐渐开始收紧移民政策，并将控制外来移民数量作为首要任务之一。技术移民也在受控范围之内。其中包括，自2010年11月起，暂时关闭"高技术移民"申请；自2012年4月6日起，不再接受完成学业后留在英国的申请。但是，虽然一般性的技术移民受到限制，高端技术移民反而受到鼓励。其中最突出的例子是，自2011年

8月起，英国内政部专门设置了一类移民类别，即"特别优秀人才"（exceptional talents），以鼓励在理工科、人文科学、工程技术以及艺术类等领域非常优秀的领军人物到英国工作。

根据这一规定，[①] 英国政府每年将引进1000名各个专业领域的领军人物——不仅包括已经得到公认的领军人物，也包括在其专业领域有成为领军人物潜力的人才。至于相关人员是否具备这一能力，则将由皇家学会、英格兰艺术理事会、皇家工程院，以及英国学院等一流机构进行评估和推荐，但不需要获得工作许可。

3. 加强国际合作，促进人才交流

如前所述，全球化的人才观决定了英国政府注重加强与其他国家的合作，并通过推动人才之间的流动和交往，特别是通过创新项目的合作，一方面促进知识技能的交流，另一方面以此吸引国外人才到英国工作。英国政府认为，真正世界一流的科研与创新往往是国际合作

---

① UK Border Agency, *UK Opens its Doors to Exceptionally Talented Migrants*, http://www.ukba.homeoffice.gov.uk/sitecontent/newsarticles/2011/july/31 - t1 - et.

的结果，国际合作为科研人员之间的来往创造了机会。[①]

在这方面，最突出的一个做法是设立"科学与创新网络"（Science and Innovation Network），该网络由英国商业、创新和技能部与外交部共同出资成立，在全世界28个国家和地区（包括中国）设有办事机构。通过大量的合作项目，不仅提升了科研水平和科研能力，而且成功吸引了其他国家的一些人才到英国工作。

七　结语

综上所述，英国的人才培养为保持并加强整个国家的创新能力发挥了不可替代的作用，特别是在创意产业的发展方面。因此，英国在发展和培养人才，特别是创新人才方面的经验，有许多值得我们学习和借鉴的地方，特别是在以下几个方面。

第一，英国关于人才的界定向来都十分灵活，没有固定的条条框框，也不过多限制人才的流动，这反而有

[①] Department for Business, Innovation and Skills, *Science and Innovation Network Annual Report* 2011-2012, https://www.gov.uk/government/uploads/system/uploads/attachment_data/file/36762/BIS-Science_and_Innovation_Report_Accessible.pdf.

利于吸引人才。同时，对于优秀人才，特别是"极端优秀"的人才，英国还制定了各种优惠政策。因此，我们也需要改变禁锢人才、限制人才的观念，放宽对人才自由流动的限制，特别是在不同地区之间、不同行业之间的流动，同时采取更灵活的措施和优惠政策吸引并留住外来人才。

第二，重视政府的指导作用，尤其是在制定具有长期性和全局性的人才发展战略方面，因为只有政府才能做到这一点。在这方面，英国政府的作用十分明显。特别是最近两届政府，都制定了专门的人才发展战略，这对于全面规划和统筹全国的人才培养具有关键作用，也是其他任何行为体都不可代替的。除此之外，英国政府对于创新产业的资金支持也发挥了不可忽视的作用，特别是在基础研究领域，由于企业不愿意在一些成本高昂、风险较高，且回报周期较长的领域投资于人力资源发展，因此特别需要政府在这些方面予以投资和支持。

第三，作为一个老牌的资本主义国家，同时又是工业革命的发源地，英国始终重视教育在人才培养过程中发挥的作用。而且，英国注重通过各个层级的教育培养人才，不仅注重高等教育，而且注重从基础教育到继续教育在内的全面教育体系，同时加强教育机构与企业、社会之间的横向联系，注重实际能力的培养。后者尤其是我们需要借鉴的地方，因为只有加强学校教育与企业和社会的联系，才能改变目前这种教育与实践脱节、学生毕业后无法迅速将所学用于实际工作的状况。

第四，从以上第二和第三点可以总结出，在人才的培养方面，不可能单纯依靠某一个方面的力量，相反，必须重视政府、学校教育和社会、市场、企业等各方面的综合作用，因为人才的特点注定了人才培养是一项长期性、全面性的工程，需要方方面面的力量共同努力。

当然，如同所有国家一样，英国在吸引和留住人才方面也存在着一些不足。特别是以下三个方面：第一，如前所述，英国虽然基础研究十分发达，在这方面的优秀人才层出不穷，但却相对而言不太重视应用研究，不像美国在应用研究方面投入了大量资金，从而造成应用技术人才不足的状况。第二，政府吸引人才的政策往往受制于多种因素的综合作用，特别是经济景气程度，例如在当前经济衰退的情况下，英国政府就减少了吸引外来人才的力度。但这又是一个悖论：若想经济尽快走出低谷，就需要引进更多人才；但在经济衰退造成高失业率的情况下，又需要控制外来移民的数量。第三，近年来，英国人才外流情况十分严峻，大量人才流向美国和新兴国家。尽管英国政府也认识到了这一问题，并且已经采取了一些有针对性的措施，但仍未能有比较显著的效果。上述问题，特别是后两个问题，不仅是英国政府目前面临的最棘手问题，在全世界很多国家，包括中国，也同样存在。如何解决这些问题，是一个长期的"课题"。

德国人才培养与人才吸引的经验研究

杨解朴 胡 琨 徐 清 史惠宁[①]

摘要： 在过去几十年间，德国产业结构发生转型、人口结构出现变化，而经济全球化和欧洲一体化所带来的国际竞争和人才流动又直接对德国的经济和社会带来挑战，德国专业人才短缺已经成为不可回避的问题。面对这一问题德国采取了一系列的人才发展和人才培养的措施。本文将在介绍德国人力资源的总体概况及德国人才培养的具体措施的基础上，分析德国人力资源发展面临的问题与挑战，并尝试归纳德国专业人员、高科技人

[①] 杨解朴，法学博士，中国社会科学院欧洲研究所副研究员。胡琨，理学博士，中国社会科学院欧洲研究所助理研究员。徐清，江苏省社会科学院世界经济研究所助理研究员，中国社会科学院研究生院欧洲研究系博士研究生。史惠宁，中国社会科学院研究生院欧洲研究系博士研究生。

员发展战略并总结德国人力资源发展的经验，以期为我国的人才发展战略提供借鉴。

关键词： 德国　专业人才　人才培养　人才吸引

一　德国人力资源概况

（一）德国各类人力资源的状况

根据德国劳工总署 2010 年的数据，在目前的经济形势下，专业人才总体上储备充足。但因为处于产业结构调整期，服务业和新兴产业急需大量专业人才，而相应的工资增长却相对缓慢，民众接受相关专业训练的激励不足，特别是在信息通信领域，人才短缺问题尤其突出。[①]

随着德国人口结构的变化和产业竞争力的不断提升，德国劳动力与专业人才的供给整体上也将逐渐呈现紧张趋势。2009 年，德国的人口生育率为 1.36，位列欧盟倒数第四。2010—2030 年，德国将有 1900 万劳动力退休，而同期可补充的劳动力只有 1550 万。同时，师资人才总

---

① Bundesagentur für Arbeit, "Perspektive 2025: Fachkräfte für Deutschland", S. 6–7.

量的减少也制约着德国专业人才的培养，2009年，德国各类学校师资缺口为4万，尤其是数学、信息技术与自然科学学科师资的短缺更是触目惊心，今后十年，还将有30万各类教师陆续达到退休年龄。另外，德国接受过高等教育的专业人才比例较低，尽管德国政府加大力度促进高等教育，但高校入学率仍然只有30%上下，而OECD与欧盟国家早已超过50%，导致德国高等专业人才匮乏；并且，由于德国较低的薪酬水平和僵硬呆板的晋升机制，高端人才的流出也已经引起关注，2008年，德国人口首次出现净流出，达5.5万余人，许多专业人才去往能够提供更好科研环境与更公平竞争环境的国家与地区。[①]

（二）德国人力资源的发展趋势

据德国联邦职业教育研究所（Bundesinstitut für Berufbildung）报告分析，德国中等专业人才（接受完整职业教育及同等水平的劳动力）未来将严重不足，20年间将有1150万中等专业人才退休，新培养的中等专业人才

[①] Bundesagentur für Arbeit, "Perspektive 2025: Fachkräfte für Deutschland", S. 6-9.

却只有700万；而接受过高等教育的高等专业人才将有所增加，20年间退休的高等专业人才预计为320万，同期毕业的高等学校各类毕业生为490万，但仍无法满足经济发展需要。①

不同职业的专业人才供求关系各异。在未来20年，采掘、加工、修理、设备机器的操控与维护、交通、仓储、运输、技术研发、安保、餐饮、清洁、卫生与护理等职业专业人才供应不足；而贸易、商业服务、法律、管理以及教育领域的专业人才将会供过于求。② 麦肯锡的一份研究表明，至2020年，德国的专业人才缺口为200万人；③ 德国劳动未来研究所（Institut zur Zukunft der Arbeit）测算，至2020年，德国工程师的缺口就有24万；④

---

① R. Helmrich, G. Zika, M. Kalinowski, M. I. Wolter, "Engpässe auf dem Arbeitsmarkt: Geändertes Bildungs – und Erwerbsverhalten mildert Fachkräftemangel. Neue Ergebnis der BIBB – IAB – Qualifikations – und Berufsfeldprojektionen bis zum Jahr 2030", *BIBB Report* 18/2012, S. 3 – 4.

② R. Helmrich, G. Zika, M. Kalinowski, M. I. Wolter, "Engpässe auf dem Arbeitsmarkt: Geändertes Bildungs – und Erwerbsverhalten mildert Fachkräftemangel. Neue Ergebnis der BIBB – IAB – Qualifikations – und Berufsfeldprojektionen bis zum Jahr 2030", *BIBB Report* 18/2012, S. 7 – 9.

③ Mckinsey Deutschland, "Wettbewerbsfaktor Fachkräfte. Strategien für Deutschlands Unternehmen", http://www.mckinsey.de/downloads/presse/2011/wettbewerbsfaktor_ fachkaefte. pdf, last accessed on 25 May 2013.

④ Bundesagentur für Arbeit, "Perspektive 2025: Fachkräfte für Deutschland", S. 3.

而德国联邦职业教育研究所认为，至 2030 年，德国还需要 520 万专业人才，其中接受过高等教育者为 240 万。[①]这些研究结果都表明，未来 20 年，制约德国经济与社会发展的主要问题是相应专业人才的短缺。德国一方面需要改革教育体系，以激励和引导民众接受相应的专业训练，以满足国内不同经济部门的专业人才需求；另一方面也需要引进海外人才，改善本国专业人才市场结构。

（三）德国人才教育体系

德国相对完善的教育体系对人才培养发挥了积极的作用。德国民众的教育普遍由基础教育、初等教育、初等中级教育、高等中级教育、高等教育与继续教育几个部分组成。基础教育与初等教育分别为 3—6 岁儿童接受的学前教育和基础学校 1—4 年级实施的小学教育。小学毕业后，学生根据自己的个人情况及学校和家长的意见，分流到三类不同的中学，即普通中学、实科中学和完全中学（还有一种综合上述三种学校的综合中学）的第五

[①] R. Helmrich, G. Zika, M. Kalinowski, M. I. Wolter, "Engpässe auf dem Arbeitsmarkt: Geändertes Bildungs – und Erwerbsverhalten mildert Fachkräftemangel. Neue Ergebnis der BIBB – IAB – Qualifikations – und Berufsfeldprojektionen bis zum Jahr 2030", *BIBB Report* 18/2012, S. 3 – 4.

至第十年级，接受初等中级教育；十年级课程结束后，可继续接受完全中学和综合中学第十一至第十三年级的高等中级教育。职业教育则由各类职业教育学校实施，培养各种不同的技术人才；而高等教育由各类高等学校实施。而形式多样、内容广泛的继续教育，则是针对不同年龄层次、文化程度和职业成年人的继续教育需要。这些部分衔接紧密，彼此协调，构成一个发达而完备的教育体系。[①]

德国的人才教育有两个主要特点：一是发达的职业教育；二是定位明确的高等教育。

不再升学的初等中级中学毕业生可进入职业教育训练阶段，以成为合格的技术工人。学生一方面在企业接受偏重实践的职业培训，另一方面在学校接受基础文化知识和专业理论教育。这一"双重训练制度"不但源源不断地为德国的各类产业，尤其是制造业提供高质量的各类技术工艺人才，是"德国制造"良好声誉的重要保

---

① KMK, "Grundstruktur des Bildungswesens in der Bundesrepublik Deutschland – Diagramm", http：//www.kmk.org/fileadmin/doc/Dokumentation/Bildungswesen_ pdfs/dt – 2012. pdf, last accessed on 25 May 2013；也可参见 J. Baumert and C. Artelt, "Bildungsgang und Schulstruktur", in: *Pädagogische Führung*, 4/2003, S. 188 – 192。

障；而且也使得青年人可以更顺利地开始职业生涯，根据德国联邦教研部统计，2012年德国年轻人失业率仅为8.2%，远远低于欧洲大部分国家。[①] 而职业教育与高等教育之间也并非断裂的，对于有志于进入高等教育学习的职业教育毕业生来说，也可以通过入读专科高中以获取专业高等学校的入学资格。

德国的高等教育具有悠久历史与优良传统，其核心理念是"学术自由"和"教学与科研相结合"，基本分为综合类大学与应用技术大学。前者学科设置齐全，注重理论研究，可授予学士、硕士与博士学位，主要任务是为科研提供后续人才；而后者学科设置相对集中，注重应用和实践，可授予学士和硕士学位，主要为工业企业提供专业人才。[②]

[①] BMBF, "Aufstieg durch Bildung. Bilanz und Perspektiven für Deutschland", April, 2013, S. 13.

[②] Deutsche UNESCO - Kommission e. V., "Erklärung über Hochschulbildung für das 21. Jahrhundert", http：//www.unesco.de/460.html, last accessed on 26 May 2013.

二 德国专业人才、高科技人才发展战略

在经济全球化、欧洲一体化的背景下，德国专业人才的匮乏已经严重影响到德国企业的活力及国际竞争力。为改变这一窘境，近年来，德国各界不断推出各类发展战略，以期通过内、外两种路径提高德国专业人才和高科技人才的数量与质量。这两种路径其一是增加对德国国内的人才培养与激励，其二是放松移民政策，吸引外来专业人才。

（一）德国本土人才的培养与激励机制

1. 德国高科技创新人才发展战略

严格意义上说，德国没有统一的国家高科技创新人才发展战略。本节仅仅试图将已经掌握的零散的有关德国高科技创新人才发展政策和人才培养的特点进行归纳和总结。

（1）通过国家高科技发展战略进行资金投入

面对21世纪的经济全球化及国家间的竞争不断加剧，各国对于高科技人才的需求也随之旺盛。前文已经

提到专业人才短缺是制约未来20年德国经济和社会发展的主要问题。为解决这一问题，进入21世纪以来，德国政府先后两次出台的"德国高科技战略"中对于高科技人才的发展战略均有所体现[1]，特别是在2006年提出发展高科技产业的国家综合性方案"点燃思想——德国高科技战略"中，突出了人才培养、人才发展的规划。在这份文件中，德国政府强调："德国最重要的资源是大脑，我们不可能在最低工资的争斗中取胜，我们的资本在于受到良好教育的专业人员和杰出的学识，我们只能通过产品的质量和新产品确保未来并创造工作岗位。"[2]这份文件囊括了17个领域的创新计划，同时还针对培养后继人才及"人才投入"制定了具体措施，包括：加大资金投入力度、扩大招收在校学生名额，以及增加对大

---

[1] 参见 Bundesministerium für Bildung und Forschung（BMBF），*Ideen Zünden – Die Hightech – Strategie für Deutschland*，2006，http://www.fona.de/pdf/publikationen/die_hightech_strategie_fuer_deutschland.pdf（访问时间2013年4月5日）；以及 Bundesministerium für Bildung und Forschung（BMBF），*Ideen. Innovation. Wachstum Hightech – Strategie 2020 für Deutschland*，2010，http://www.bmbf.de/pub/hts_2020.pdf（2013年5月18日最后浏览）。

[2] 参见魏爱苗《德国高科技战略谋求全球领先》，《经济日报》2007年9月19日，http://intl.ce.cn/right/jcbzh/200709/19/t20070919_12967064.shtml。

学和培训机构的资助力度等。

（2）对于专业人才严重短缺的领域进行重点扶植

面对德国 IT 行业人才严重短缺的问题，2007 年德国联邦经济技术部（BMWi）启动了"2008 特休斯（THESEUS）人才创意竞赛——培养未来互联网后备人才"计划。这一计划为德国优秀的 IT 人才在互联网研究方面提供一些资助的机会。该计划对 30 项各类研究课题进行公开招标，领域涉及教育质量分析、具体软件的实体及其技术实现等，未来互联网服务脚本的制定成为课题招标的重点领域。中标者的奖金为 1 万欧元，并且以合作者身份来参与未来互联网的开发。THESEUS 还负责推动企业和科研机构共同将创意变为现实。该项目总投入为 1.8 亿欧元，执行期限为 5 年，其中 BMWi 提供 9000 万欧元的专项资助，剩下的 50% 由参与项目研发的企业及合作伙伴承担。[①]

（3）重视社会需求的人才发展战略

面对全球化的竞争压力，德国企业对专业人才，特

---

① 参见黄群《2007 年德国科技政策与发展战略综述（之二）：深化科研体制 吸引顶级人才》，http://www.news.zju.edu.cn/news.php?id=22509；参见《营造人才培育生态圈——德国如何吸引和培育优秀科技人才》，《华东科技》2012 年第 3 期。

别是受过良好教育的工程师的需求日益迫切，面对这一情况，2007年联邦教研部启动了一项为期三年的"工程师后备人才"的资助计划，年资助额为1000万欧元。该计划的资助对象为专科高等院校。之所以将专科高等院校确定为资助对象，是由于德国专科高等院校早已成为后备工程师的摇篮，德国60%的后备工程师来自专科高等院校。该计划要求在校大学生在学习期间着手进行一个类似研究课题的工作，最后以共同协作授予学位的形式与一所综合性大学共同完成。[1]

（4）调整教育及就业政策以提高专业人员的数量及其工作质量

在2011年联邦劳工局出版的《2025远景规划：德国的专业人员》一书中，提出了十大措施，通过整体协调教育与就业体系，增加专业人员的数量及其工作质量，这十大措施包括：减少中学生肆业、改善职业过渡；减少培训者中途退场；降低大学生失学率；提高55岁以上人员的就业参与人数；提高女性就业比率；有控制地增

---

[1] 参见黄群《2007年德国科技政策与发展战略综述（之二）：深化科研体制 吸引顶级人才》，http://www.news.zju.edu.cn/news.php?id=22509。

加有移民背景的专业人员；增加全职工作的工作时间；推动资质培训和继续教育；提高劳动力市场的透明度；严格检查税收制度。①

2. 高等教育体系改革及其发展趋势

随着国际形势的变化和国内要求改革高等教育呼声的高涨，德国把高等教育改革政策的重点转向重建高质量的高等教育体系和推进德国高等教育的国际化。

为建立有效率、高质量的高等学校体系，各州都致力于有关法令的修改。除此之外，改革还体现在接受留学生、出国留学、校际合作、培养与课程、科研合作等方面。德国目前是西方国家中仅次于美、法的大学生"进口国"，其出国留学人员也有较大幅度的增长。在校际合作上，德国高等院校与国外高等院校，特别是欧洲一些高校的双边及多边合作发展迅速，国际性合作项目、合作协议目前已有1500余个。联合培养与课程开发也是校际合作的重要内容，德国高等院校与国外，特别是英、法、美高等院校共同签订了大量的"联合培养计划"。在这类培养计划中，两所或多所高校共同开课或相互承

---

① Bundesagentur für Arbeit, "Perspektive 2025: Fachkräfte für Deutschland", 2011。

认课程，相互承认文凭或授予两国文凭。[①]德国高等教育政策的变化是从扩大数量到提高质量，从高等教育的大众化到国际化。上述变化符合德国高等教育自身发展的需要，也推动了国际高等教育的发展。

通过近年来的高等教育体制改革，德国高等教育政策的特征及其发展趋势主要表现为以下几个方面。

首先，高等教育从大众化迈向普及化，促成终身教育系统的形成。德国在20世纪50年代就迈开了高等教育大众化的步伐，到2001年，德国高校新生入学人数占适龄人口的比例已经增长至32.4%。[②]但德国获得高等教育资格的学生人数仍然低于其他工业国家。在实现高等教育普及化的道路上，德国政府还面临以下几个方面的问题与挑战：正规与非正规高等教育将同时发展，而非正规高等教育更富生机；各种层次的高等教育都将有所发展；成人大学生的比重进一步加大（并且与普通大学生的界线将变得更为模糊）；同时大学生的求学动机将变得更为复杂。

[①] 参见戴继强《面向二十一世纪的德国高等教育改革》，《中国高等教育》2000年第6期。

[②] 参见胡劲松、周丽华《传统大学的现代改造——德国联邦政府高等教育改革评述》，《比较教育研究》2001年第4期。

其次，高等教育的社会化程度进一步加深。随着社会和个人对高等教育需求的多元化，高等教育的职能也多元化。社会和高等教育相互依赖的程度日益加深，市场机制卷入高等教育，影响其运作，促使高等学校不断扩大与社会各领域的联系。这表现在以下两个方面：第一，高等学校将更为开放，社会更多地参与高校事务，政府给予高校更多的支持和指导，高校的教学、科研的触角更为广泛地延伸到社会，各种教学与生产相结合的教学实践更为普遍；第二，更多的非学校机构，如图书馆、博物馆、艺术馆、出版社、大众传媒成为高等教育的场所或渠道，高等教育机构越来越多地出现在企业、科研单位之内。

再次，高等教育国际化的特色进一步凸显。当今世界科技加速进步、日新月异的信息社会和发达的交通工具缩短了国家、地区间的距离，在这种背景下，德国高等教育政策国际化的趋势进一步加强：高等教育机构间的合作和交流进一步扩大，内容将更为丰富多彩而富有成果，除了全球机构从中协调，地区间的教育合作更为普遍；留学教育将进一步扩展。德国不仅向欧盟成员国和其他发达国家派遣更多的留学生，而且还会向发展中国家派出更多的留学生；具有国际眼光的人才成为重要的培养目标。

3. 激励特定专业的学习、促进后备科研人员的培养

参与国际合作与竞争，参与解决一系列全球性迫切问题，为世界美好前途作出应有的贡献，这些任务都需要国际型的人才来解决；当前最重要的是，注重对特定专业的学习进行激励，这体现在前文提到的"国家高科技战略"上，2006年文件中提到的德国将尽全力发展的17项专业领域涉及："一、生命医学。二、针对犯罪和恐怖主义的安全防范。三、为农业和工业开辟新道路的植物学。四、对迎接21世纪挑战具有重大意义的能源工艺。五、环境学，包括洁净水、新鲜空气和防止土地被污染。六、信息和电信技术。七、汽车和交通技术。八、更加安全和清洁的航空技术。九、从地球飞往宇宙的太空技术。十、航海和海军技术。十一、建立在知识经济基础上的现代服务业。十二、纳米技术。十三、在生命科学具有广泛应用前景的生物技术。十四、对智能产品具有重要意义的微系统技术。十五、光学技术和工艺。十六、新型材料技术。十七、满足现代生产的重大技术装备工艺。"①

在上述绝大部分领域，德国已经拥有世界领先的技术，但迫于不断增加的竞争压力，德国意欲增加在上述所有领域的投资，特别是加大人才培养和研发投资，以便保持和扩大德国技术和产品在世界市场的领先优势。

德国目前正在执行的"精英倡议计划"（全称"联邦和各州旨在促进德国高校科学和研究的精英倡议计划"）中就包含了促进后备科研人才培养的具体措施。该项目资助期限为2006—2017年。项目分为三条资助主线，其中"研究生院"项目的主要目的就是培养尖端的科研后备人才，使博士研究生的培养与科研基地建设相结合，以此建设具有国际知名度的研究生院。项目通过在各个领域遴选出的杰出科学家带领团队，以科研课题为基础，打造良好的科研环境，培养高水平的博士研究生。博士生培养制度是该项目的核心，包括导师制度、

---

① 参见 Bundesministerium für Bildung und Forschung（BMBF），"Ideen Zünden – Die Hightech – Strategie für Deutschland"，S. 29 – S. 99，http://www.fona.de/pdf/publikationen/die_hightech_strategie_fuer_deutschland.pdf. 访问时间 2013 年 4 月 5 日；同时参见魏爱苗《德国高科技战略谋求全球领先》，《经济日报》2007 年 9 月 19 日，http://intl.ce.cn/right/jcbzh/200709/19/t20070919_12967064.shtml。

科研团队及培养协议和定期面授制度。为建设富有国际竞争力的科研基地，研究生院的组建可以由同一个大学的多个系共同参与，也可以由大学与校外研究机构合作组建。[①]

（二）吸引外来人才的政策

1. 技术移民政策

尽管德国的移民政策曾一度被视为欧洲"拒斥的移民政策模式"[②]，直到2004年德国才通过《移民法》，并于2005年、2007年、2009年、2011年数次修订，但事实上，面对信息产业人才严重不足的情况，德国各主要政党在2000年就对引进信息产业的高技术人才达成了共识。

2000年，德国效仿美国的绿卡政策，颁布了《IT产业外籍高级人才工作许可发放条例》。按照这一条例，自2000年8月起的3年内，允许从非欧盟国家向德国引进

[①] 俞宙明：《德国高校精英倡议计划综述》，载郑春荣、李乐曾编《德国发展报告（2013）》，社会科学文献出版社2013年版，第163—167页。

[②] 宋全成：《论欧洲国家的技术移民政策》，《山东大学学报》（哲学社会科学版）2012年第3期，第111页。

2万名IT专业人才；而申请者要么须持有高等院校IT专业的毕业证书，要么能证明具有很好的计算机信息技术水平（对于非计算机信息技术专业的毕业生）；对于引进的人才，可一次性获得最多5年的工作许可和居留许可（在此期间可自由更换雇主），其年收入不得低于5.1万欧元；引进人才的配偶及未满18岁的子女可一同赴德，且签证期限相同。允许其配偶首先申请12个月的工作许可，如能延长到24个月后，可申请无限期的工作许可。这一政策同样适用于所有在德国大学学习计算机专业的非欧盟国家留学生。[①]

2004年德国通过的《移民法》主要对外国人在德居留、工作及社会融合方面做出了规定。《移民法》的颁布为德国引进外籍高端人才创造了有利的法律和制度环境。《移民法》对于外籍高端人才在德国工作做出了三种形式的选择："一是高级专业人才可以选择的技术移民，获得落户许可；二是普通外国人（留学生）可以选择的申请工作许可，获得居留许可；三是有投资意向的外国人可以采用两步走方式，先获得居留许可，在3年

[①] 宋全成：《论欧洲国家的技术移民政策》，《山东大学学报》（哲学社会科学版）2012年第3期，第111页。

后取得落户许可。"[1]

在《移民法》中，单独设有一节对符合高级专业人才的落户许可（技术移民）条件的三种人做出了明确的定义：一是拥有特殊专业知识的学者（科学家）。二是能起到突出作用的教学人员（教师、培训师等）和科研人员。三是拥有特殊职业经验的专家和处于领导岗位的工作人员，其年收入须至少达到法定医疗保险费衡量界限[2]的两倍以上。[3]

2. 制定项目计划吸引国际顶级科学家

"国际研究基金奖"是2007年德国联邦政府设立的一项旨在吸引全球高端创新人才的奖金。该奖项面向全球所有国家各领域的顶级科学家，吸引他们到德国工作，同时鼓励德国学术界、高等院校与国际相关合作伙伴结成高级别的国际联盟。该奖金最高额度为500万欧元。

---

[1] 参见陈迪《德国移民法有关条款设计》，《国际人才交流》2011年第11期，第43页。

[2] 法定医疗保险衡量界限是德国根据个人的年收入制定的一个指导标准，超过了该标准的人可以选择参加法定的医疗保险还是参加私立医疗保险；年收入低于该标准的必须参加法定医疗保险，没有选择私立医疗保险的权利。这个衡量界限每年有所浮动，2011年执行的标准是44550欧元/年（也就是3712.5欧元/月）。

[3] 参见陈迪《德国移民法有关条款设计》，《国际人才交流》2011年第11期，第43页。

德国高等院校及科研机构可利用这一奖金吸引国际上具有战略意义的顶级科研人才。奖金的小部分可用于科学家的酬劳，绝大部分被用作研究框架的规划及研究小组的团队建设。因此，获奖者的研究方向与所提名高校总体发展战略相一致是至关重要的。[1]

与"国际研究基金奖"相类似的还有洪堡基金会、弗朗霍夫协会制定的一系列吸引国际一流科学家的计划。

2007年洪堡基金会为吸引全球科技人才推出了十大举措："1. 增加科学家职位，创造7万个新的研究人员职位。2. 为年青科学家设置预备教授岗位，并规定资格等级。3. 支持职业生涯。4. 鼓励青年科学家尽早独立。5. 继续使招募和聘任专业化。6. 放宽并逐步废除僵硬的编制制度。7. 制定特有的工资协议规定。8. 尽可能为顶级科学家提供具有国际竞争力的报酬。9. 使社会福利费国际化。10. 提高透明度，创造有吸引力的工作环境。"[2] 另外，2007年，该基金会还创建了"颁发奖学金和奖金

---

[1] 参见《营造人才培育生态圈——德国如何吸引和培育优秀科技人才》，《华东科技》2012年第3期。

[2] 参见黄群《2007年德国科技政策与发展战略综述（之二）：深化科研体制 吸引顶级人才》，http://www.news.zju.edu.cn/news.php?id=22509。

的科学生涯阶段模式",其目的就是使得德国对全球科技人才更具吸引力。该模式主要特点可概括如下：博士后可以借助长期奖学金维持其研究计划的稳定性；有经验的科学家能得到更多的灵活性，他们获得的奖学金可分3次使用（这意味着可以在德国分3次逗留）；青年领导人或刚聘任的教授还能与其在德国的研究伙伴建立合作关系，而不必辞掉他们在国内的职位或放弃本国休假。[1]

2007年德国弗朗霍夫协会推出"吸引力"计划。该计划的主要目的是培养有创新思想的优秀国外科学家并招募科研领域的新人。那些中标的团队可获得每年50万欧元的资助，3年后，若这一团队能够通过相关评估，就仍旧有资格继续获得资助，但资助的数额呈递减趋势，目的是鼓励其逐步独立。5年后，如该研究团队仍存在发展前景，将再次给予资助。否则，该团队将面临两种选择，即创办新公司或直接转入工业界。[2]

---

[1] 参见黄群《2007年德国科技政策与发展战略综述（之二）：深化科研体制 吸引顶级人才》，http://www.news.zju.edu.cn/news.php? id = 22509。

[2] 参见《营造人才培育生态圈——德国如何吸引和培育优秀科技人才》，《华东科技》2012年第3期。

3. 提供机会推动德裔学者回流

德国一些中介机构，如德国学术国际网（GAIN）[①]，通过组织各类联谊活动，拉近与旅居在美国和加拿大等国的德籍学者的关系，进而争取他们返回德国定居和工作。并通过为这些学者提供优越的工作条件，使其为德国科技发展做出贡献。GAIN 主要通过为海外的德裔青年学者提供科研或教育领域的高级职位吸引他们归国，上述职位中有大约 50% 是由联邦政府和州政府共同甄选的"精英大学"产生的；同时，"2020 高等院校协定"也为这些学者提供了在学术界工作的机会。另外，欧洲研究理事会也为德国提供了一批额外的青年科学工作者工作机会。为了吸引海外学者回国，GAIN 还兼顾到其子女的教育问题及其家属的就业问题。在这些方面，GAIN 尽量提供机会，让海外归国人员既能从事学术工作，又能兼顾家庭。[②]

[①] 德国学术国际网由德国研究联合会、洪堡基金会（AvH）和德国学术交流协会（DAAD）联合组成。

[②] 黄群：《2007 年德国科技政策与发展战略综述（之二）：深化科研体制 吸引顶级人才》，http://www.news.zju.edu.cn/news.php?id=22509。

4. 债务危机背景下德国吸引专业人才的政策[①]

专业人才的匮乏已经影响到德国企业的竞争力，在欧债危机背景下，德国有意识地放松移民政策，以吸引其他国家的专业技术人员。

2012年4月德国通过了旨在吸引欧盟以外第三国专业人才的欧盟蓝卡政策。根据这一法案，对于本科学历及本科以上学历的非欧盟国家的外国人，只要能在德国找到一份年薪超过48000欧元的工作即可获得欧盟蓝卡，数学、计算机科学、自然科学领域的专业人才只需年薪达到33000欧元即可获得欧盟蓝卡。持有人可以在欧盟无限制居住并享有社会福利待遇。另外，2013年德国劳工局将启动一项特殊计划，斥资4000万欧元用以资助欧盟其他成员国的18—35岁的青年人才加入德国劳动力市场，资助的内容包括语言课程等内容。

德国启动欧盟蓝卡政策后，为进一步从印度、印度尼西亚及越南引进专业人才，2012年10月，德国联邦经济和技术部与德国国际合作机构（GIZ）签署协议，启动针对上述国家的专业人才引进试点项目。德国国际合

---

① 参见杨解朴《德国》，载《欧洲发展报告（2012—2013）》，社会科学文献出版社2013年版，第206—207页。

作机构为该项目的执行机构，负责为上述国家中有意向赴德工作的专业人才提供咨询和帮助。德国希望通过这一项目向世界表明德国是一个开放、多元、好客的国家，欢迎国际专业人才来德国发展。

受债务危机影响，在2011—2012年迁徙到德国工作的欧盟国家移民，特别是受危机影响严重的南欧国家的移民显著增加。据联邦统计局的统计，2011年约有95.8万移民迁入德国，比2010年增加16万人，增长率为20%，移民总数达到1996年以来的最高值。其中，受欧债危机影响严重的南欧国家的移民人数增加明显，例如来自希腊的移民数与2010年相比增加了90%（增加11000人），来自西班牙的移民增加了52%（增加7000人）。

2012年上半年，有501000人迁徙到德国，比2011年上半年多66000人，增长率超过15%。新移民中，陷入欧债危机的南欧国家中移民数量增长较多的国家包括：希腊增长78%、西班牙增长53%、葡萄牙增长53%。[①]

科隆德国经济研究院（IW）研究表明，进入德国的

---

① 德国联邦统计局网站，http://www.destatis.de。

移民所受教育程度高于德国人的平均水平，移民填补了德国专业人员的缺口。研究结果显示，过去10年进入德国的新移民中，有1/4拥有大学毕业证书，来自南欧国家的移民拥有大学毕业证书的比例更高，而德国的这一比例仅为18%。12%的新移民毕业于数学、信息学、自然科学和技术这些热门专业。

三　德国人力资源发展的相关经验总结

（一）严格的师资培养

德国人力资源的发展离不开发达的教育体系和优秀的师资队伍，德国中小学、大学以及职业教育等各层次教育都制定了严格的师资培养方案。同时，教师这一职业在德国具有崇高的地位，福利待遇也相当好，有助于保证师资队伍的稳定。中小学老师的培养由大学完成，主要分成两个阶段，第一阶段在大学里系统学习理论知识，包括专业知识和教育教学的知识，这一阶段结束后参加第一次国家考试。通过第一次国家考试后进入第二阶段，即为期18—24个月的见习阶段，在中小学开展教学实践，之后参加第二次国家考试，通过方能获得教师资格。[①] 由此可以看出，德国中小学的师资培养有两个鲜明的特点：第一，见习阶段时间长，有利于实际教学能力的培养和教学经验的积累，为今后的工作打下坚实的基础；第二，取得教师资格需要通过两次国家考试，教师教育标准和资格准入的要求高。此外，对于已经入职的教师还通过多种形式进行再培训，不断提高教师的知识水平和教学能力，确保教学质量。

在德国要想成为一名大学教授不仅要求学术上过硬，还要经历一个严格的招聘程序，其难度之高世界闻名，也正因为如此，造就了高水平的教授队伍。德国高校师资培养和遴选的主要特点体现在：第一，资格要求严格，不仅要求以优异的成绩博士毕业，之后还要继续在教授的指导下从事几年教学和科研工作，并获得大学任教资格，这样方能应聘教授职位。第二，强制流动原则，在一所大学从事教学科研工作并获得大学任教资格，那么就不能应聘这所大学的教授职位，也就是说，德国禁止留校任教授。当然，日后已在其他大学成为教授后可以通过应聘方式再回母校任教，因为其学术水平已经经历

---

① 樊红：《德国中小学教师培养与发展模式及启示》，《当代教育科学》2009 年第 11 期。

了其培养者之外的更广泛的学术群体的考验。第三，招聘竞争激烈，一所大学遴选教授必须通过公开招聘的方式，成立招聘委员会，在初步筛选几名人选后请他们到该所大学来做一次学术报告，进一步了解应聘者的学术水平和教学水平，之后招聘委员会讨论通过该教授职位候选人名单。由于德国高校教授职位数量固定，一个职位往往吸引许多应聘者，最终必然只能是最优秀者被列入候选人名单。教授是德国高校教学和科研的核心，严格的教授培养制度和聘任程序是德国高校培育高素质专业人才的根本保障。

职业教育作为德国教育体系的重要组成部分，其师资培养也非常严格，且颇具特色。除了参加两次国家考试和学校实习外，还要在企业进行实习，使职教师资自身能够深入了解企业的管理和生产，掌握专业技能，积累实践经验，这样才能更好地指导学生，培养企业满意的专业技术人才。

（二）兼顾社会各类需求的人才培养体系

社会对人才的需求是多种多样的，德国的人才培养体系充分考虑到这一点，为社会培养了各个层次、各有所长的专业人才。

第一，人才培养体系符合社会需求。德国高等学校的分类体现了学术型人才和应用型人才并行培养的特征，综合大学主要培养具有系统理论知识的人才，应用科学大学则偏重于实践应用能力的培养，而职业院校的教学完全以企业需求为导向，使社会需要的不同人才能够在不同类型的教育机构得到培养。

第二，人才培养层次符合社会需求。在德国，教育较早分流是一大特点，学生在10岁时就进入不同类型的中学，不同的中学对应不同的高等教育。[①] 德国没有高考制度，只要中学毕业就能进入相应的高等教育机构继续深造。过去，德国综合大学第一级学位就是硕士，没有学士这一层次。根据之后欧洲国家达成的"博洛尼亚"进程，德国将学位体系改革为国际通行的学士、硕士和博士三级学位体系，这一改革也满足了社会对不同层次人才的需求，使获得学士学位的毕业生能够进入就业市场，降低了德国人初次就业的平均年龄。

第三，人才培养模式符合社会需求。德国职业教育

---

① 陈新忠：《德国高等教育分流的经验及启示》，《国家教育行政学院学报》2013年第2期。

著名的"双元制"人才培养模式建立了学校和企业之间既有明确分工又有密切联系的合作关系，使学生在学校进行理论学习的同时，能够较早地接触企业，学习企业需要的技能，并要求同时通过学校的理论考试和企业的技能考试，从而做到理论与实践的紧密结合、教育与就业的无缝对接。以就业为导向的企业培训能激发学生学习的积极性，也增加了学生将来就业的机会。为确保企业培训岗位的供给，由政府出面与行业协会、企业签订有关协议，使"双元制"模式顺利得以实施。长期以来，"双元制"模式为德国培养了大量的合格劳动者，满足了企业对熟练技术人员的需求，被称为德国经济腾飞的"秘密武器"。德国培养学术型人才的高等教育也注重与社会需求相衔接，允许学生换学校和换专业，保持这一灵活性有助于学生根据自我发展愿望和就业需求安排自己的学业。在德国面临信息技术和计算机人才短缺时，采取积极措施加大对这些专业的支持力度。

第四，鼓励对女性人才的培养。社会需要女性发挥在家庭之外的重要作用，但女性接受教育、参加就业的确需要克服更多的困难。在德国，许多招聘都注明希望提高女性就业者的比例，在同等条件下优先录用女性求职者。各级教育机构都会为女学生提供各类辅导和帮助，比如，给已有孩子的学生提供幼儿园来照料孩子，以此减轻她们的负担。政府制订专门的促进女性人才培养和就业的规划，使女性人才应有的作用能得到充分的发挥。

（三）陪伴终生的转岗和继续教育

伴随着经济周期的波动和经济结构的调整，以及个人自身发展意愿的改变，很多人并不会终生从事一种职业，而即使从事一种职业，日新月异的知识更新和科技发展也要求人们不断地学习，德国完备的转岗和继续教育体系适应了社会和个人发展的这种要求，为经济社会发展提供了有力的人才保障。

德国转岗培训的主要经验是：第一，将转岗培训融入就业政策当中，使其发挥从失业到再就业的桥梁作用。近些年来，德国致力于劳动就业政策的改革，避免由于高福利政策而导致的自愿失业现象，激发失业人群参加转岗培训、努力再就业的积极性。第二，转岗培训的特点是政府支持并进行管理，培训机构提供具体服务。政府对参加培训的学员和培训机构均给予资助，劳动局根据失业者的特点提供转岗培训的建议，向他们提供培训机构的培训信息。培训机构必须取得相关资质，保证培训质量，培训经费得到充分的保障，主要来源是政府和企业。第三，转岗培训针对性强，紧密与就业市场相衔接。青年、女性、大龄者和长期失业者的特点和需求是不一样的，培训机构制定不同的培训方案，内容既包括知识和技能，还有个人规划、组织、社会交际等能力的培训。培训注重紧跟就业市场动向，支持企业参与到培训当中去。①

德国继续教育发展历史悠久、体系完整、制度规范，为德国人力资源的可持续发展做出了重要贡献，其主要经验是：第一，继续教育作为终身教育理念的主要表现形式拥有有力的制度保障。德国通过立法和颁布有关条例对继续教育进行规范，使终身受教育的思想深入人心，使全社会形成不断学习、乐于接受各种培训的良好的人才发展氛围。第二，对接受继续教育采取激励措施，政府加大对继续教育的投入，个人和企业都能够从政府得到补贴，继续教育的参与率不断提高。企业通过安排继续教育促进员工素质和劳动生产率的提高，政府同时也

---

① 王建初：《德国再就业培训的主要项目及其实施特点》，《外国教育研究》2002年第6期。

是国民受教育程度提高的受益者，从而达到政府、企业和个人的三方共赢。第三，教育时间灵活，内容丰富，形式多样，可以满足社会对继续教育的不同需求。提供继续教育的机构众多，具有一定的竞争性，有利于教育资源的合理流动和整合，以及教育专业化程度和教育质量的提高。继续教育机构尤其注重市场和各类行业的发展动向，及时调整更新教学内容。远程教育技术使继续教育不再受到时间和空间的限制，正日益成为继续教育重要的教学形式。

（四）制度设计是人才发展战略的根本

如前文已经提到的，德国政府增加人才存量、改善人才质量的各种举措实际上是在多领域、多层次同时进行的一个系统工程。每一项具体的举措均可能牵扯到多个领域的政策调整与配合，既可能包括教育政策、移民政策、经济政策，也可能包括生育政策、社会福利政策、科技政策。同时还会牵扯到不同的机构与人员，既包括教育机构与教育工作者，又包括职业培训机构及职业培训者，还包括科研机构、企业、政府机构、非政府组织，甚至包括社会保障机构及社会福利机构等。

人才发展战略对于每个国家来说，具体内容不一，与每个国家各种社会制度的关联紧密程度也不尽相同，但无论如何，只要制定人才发展战略，肯定需要缜密的制度设计。例如，针对什么样的问题提出什么样的举措，这些举措什么时间推出，覆盖哪些人群，扩展到什么样的范围，得到什么样的预期效果，是否具有可持续性；这些举措具体由哪些部门执行，哪些部门协调；等等。所有这些制度节点均需要做到基本可行。在我们国家制定人才发展长期战略的过程中，对于制度设计需要有整体的考虑，以避免陷入政策制定后实施不到位的尴尬境地。

日本吸引国际人才的动因、现状与主要障碍

卢　昊　张季风[*]

摘要：日本是一个以"人才立国"为国策，在本国人力资源的培养应用方面有着丰厚积淀的国家；但随着日本人口老龄化和少子化问题的加剧，日本面临人力资源长期不足、供应缺口较大的严峻挑战。以此为动因，自20世纪80年代开始，日本采取了一系列措施吸引国际人才，通过细分和确认"专业人士"、优待"高级人才"和促进留学生来日等方式，希望尽可能获取国际人

---

[*] 卢昊，中国社会科学院日本研究所博士后，主要研究领域包括日本政治、日本外交和国际关系等；张季风，中国社会科学院日本研究所所长助理，研究员，全国日本经济学会秘书长，主要研究领域包括日本经济、中日经济关系、区域经济等。

才，但现实和设想差距较大。究其原因，日本在官方制度、雇佣环境和社会文化方面存在一系列障碍因素，阻止日本有效地吸引国际人才，而根本的原因在于日本不是一个成熟的、开放的、充分接受多元文化的移民社会，而这是一国充分吸引和利用国际人才所必要的前提。

关键词： 日本　国际人才　人力资源　官方制度　雇佣环境　移民社会

作为经济和产业高度发达的先进工业国，日本一直以"科学立国""人才立国"作为基本国策。在人力资源的培育、管理和应用，以及挖掘人才的价值和创造力方面，日本有着丰富的经验积淀。自第二次世界大战结束至今，正是依靠着人才的力量，日本科技和社会管理水平很快从追赶世界领先水平发展到站在世界潮流的前列。研究人员、技术工作者和大学生是日本人力资源的主力，同时，日本有着良好的产学官体制和全民学习型社会基础，这进一步放大了日本在本国人力资源方面的优势。但随着人口老龄化和少子化问题的加剧，日本面临人力资源长期不足的严峻挑战。这也成为日本急于吸引国际人才的主要动因。

一 日本人力资源的优势与危机

(一) 各类人才资源的基本状况

1. 研究人员

截至2012年3月31日,日本国内各学科研究人员总计84.44万人,较上年增长0.2%,科研人员数量创下历史新高,如果按照国际通行的标准,对非全职性研究人员和辅助人员进行打折计算,则换算后的日本研究人员总数为65.67万人。[①] 在研究人员规模上日本仅次于美国和中国,排名世界第三。在平均每万人口中研究人员人数方面,日本约为51.5人,在经济发展与合作组织(OECD)国家中少于一些北欧国家(如冰岛、丹麦等)和韩国,但比包括美国在内的大多数OECD国家,以及OECD之外的俄罗斯和中国都多,考虑到日本相对较大的人口总量,这依然足以体现其在高端人力资源上的数量优势(参见图1)。

---

① 日本総務省統計局『平成24年科学技術研究調査』、2012年12月,第9頁。

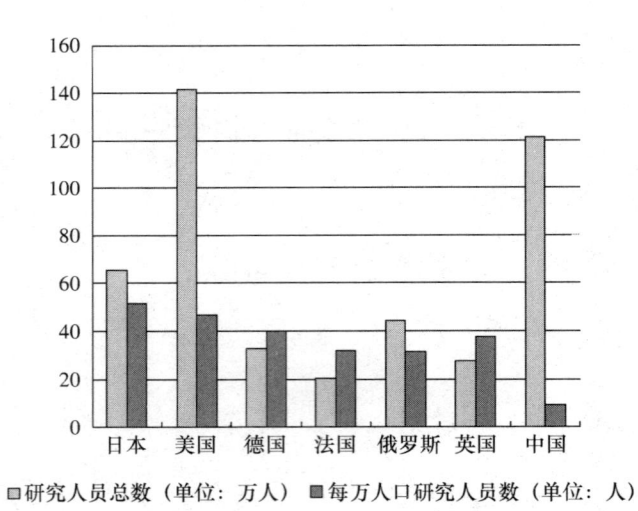

图1　世界主要国家研究人员数量（换算值）及每万人口研究人员数量

注：除日本外其他国家为2010年或2011年数据。

资料来源：日本総務省統計局『平成24年科学技術研究調査』、第44頁。

日本研究人员的学术研究能力总体很强，特别是在基础理论研究方面根基雄厚。在基础生命科学、临床医学、物理学和化学方面，日本学者的论文质量和成就位于世界前列，2010年铃木章和根岸英一获得诺贝尔化学奖，2012年山中伸弥获得诺贝尔生理学或医学奖，都是日本学者在个人研究方面获得世界最高级别承认的明证。东京大学宇宙物理和数学研究所、京都大学细胞物质科学研究所、大阪大学免疫学前沿研究所、东北大学材料科学高等研究所等都是国际级别的研究重镇。

2. 技术工作者

技术工作者，即具体从事产业生产活动的专业人员。根据最近一次国情普查（2010年），日本国内现有专门从事技术工作的劳动者863.4万人，如果排除其中专门从事学术研究的研究者，则日本依然拥有超过700万人的专业技术人员，[①] 这是一支阵容庞大的人才队伍。有数据显示，自1980年到2000年的20年间，日本技术工作者数量增长了2.8倍，其中制造业增长了2.6倍，但在进入2000年以后的近10年，日本的技术工作者劳动市场规模已经萎缩了将近40%。一些部门面临着人才供不应求、缺口较大的问题。[②]

在工业技术、电子、建筑业和医疗领域，日本技术人员素质和操作能力世界领先。在这些领域，日本被认为是在"技术力"方面仅次于美国的先进国家，日本的"技术力"不仅体现在现有产品的高质量上，还反映在产品创新方面。根据世界知识产权组织的报告，2012年日本申请专利数量43660件，排在美国（51207件）之

---

① 日本総務省統計局『平成22年国勢調査』、「移動人口の職業等集計」、2013年3月、http://www.stat.go.jp/data/kokusei/2010/index.htm。
② 中田喜文、宮崎悟『日本の技術者——技術者を取り巻く環境にどの様な変化が起こり，その中で彼らはどの様に変わったのか』、日本労働研究雑誌、No.606、2011年1月、第31頁。

后位列世界第二。但在每千名技术人员申请专利数量方面，日本是美国的大约4倍。① 另一项反映技术竞争力的数据即技术贸易收支比（技术专利对外出售的收入除以从外国购买技术专利的支出），日本自1993年开始这一数值即大于1（技术专利收入超过支出），此后历年稳步增加，2010年年底时为4.6，排名OECD国家的第一位，排在挪威（2.07）、瑞典（1.98）、英国（1.81）、澳大利亚（1.57）、美国（1.40）的前面。②

3. 大学生

日本将"高度人才"定义为具有大学本科学历的劳动者，并将大学视为人才培育的核心机制。截至2011年5月，日本拥有各类国立、公立和私立大学共计780所，在校注册学生（包括别科生和旁听生在内）289.3万人，其中本科生256.9万人，硕士17.6万人，博士7.5万人，其中八成就读于私立大学，当年毕业的本科生55.2万人、研究生9万人。另外日本还有短期大学387所，

---

① 中田喜文、宮﨑悟『日本の技術者——技術者を取り巻く環境にどの様な変化が起こり，その中で彼らはどの様に変わったのか』、第33頁。

② 日本文部科学省科学技術政策研究所『科学技術指標2012』、2012年8月、第145—146頁。

在校注册学生15万人，当年毕业学生6.7万人。① 其中，日本大学本科生中的约三成，硕士生中的约六成和博士生中的约七成以自然科学作为专业，在人口每千人本科生和研究生方面，日本较俄罗斯和中国等新兴市场国家明显领先，但在OECD国家中则并不突出（参见图2）。总体而言，尽管不如美国，但日本的高等教育机构的数量、地区密度和资金保障在世界上属于一流水平，在校大学生总数庞大，占人口比例方面始终保持在发达国家的平均水平之上，他们成为日本社会人才的主要来源。

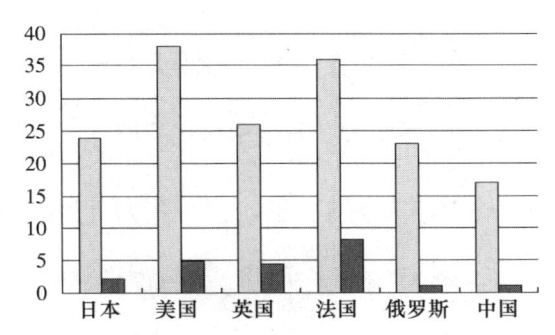

图2 世界主要国家人口每千人本科生和研究生人数

资料来源：日本文部科学省生涯学習政策局『教育指標の国際比較』（平成24年版）、2012年3月、第19—25頁。

---

① 日本総務省統計局『日本統計年鑑（平成25年）』、2013年、第714—715頁。

（二）人才制度和社会环境优势

在政策和制度方面，日本不仅重视对科研机构、大学和企业研究部门的扶持，还常年致力于打造成熟的产学官一体化机制。联合性研究中心、大学知识产权机构、技术转移机构和产学官合作协调员的建立，为研究部门、企业和政府之间建立起桥梁，使得技术人才的无形研究成果顺畅地转化为有形产品或知识财富。这是日本人力资源效用最大化的核心制度因素之一。2011年，日本研究经费为17.37万亿日元，较前一年增长1.6%，扭转了此前4年研究经费每年小幅缩减的势头。研究者个人平均经费方面，企业研究者为2500万日元、公立和非营利机构内研究者为3957万日元、大学为1239万日元。[①] 尽管财政紧张，但当年日本国家科研经费依然占到名义GDP的3.7%，这一比例高于包括美、英、德、法、俄、中等很多国家。

需要指出的是，日本是一个学习型社会，这为人才的产出提供了更广阔的基础。每年由各地方自治体政府、

---

① 日本総務省統計局『日本の統計2013』、第165頁。

教育机构、公民馆和民间文化团体举办的讲座的参加者超过4000万人次；另外每年还有数百万人参加大学公开讲座、文部科学省认证的电大函授，以及职业训练机构组织的培训活动。很多大学和研究生院还办有夜校、培训班和面向普通民众的函授课程。在常规高等教育确保人才供应之外，一些超过学龄的社会人士也能够通过这些途径获得知识技能，进而转化成为技术人才。总体上，日本的人力资源质量、制度和社会环境在国际上排名均居于前列。

（三）日本人才资源面临的危机

日本庞大而令人艳羡的人才宝库也面临着现实的重大危机，其中最重要的背景就是日益深刻的老龄化和少子化问题。

1970年，日本65岁以上人口比例达到7%，进入了联合国定义的老龄化社会，1994年，这一比例达到14%。根据日本内阁府2012年《高龄社会白皮书》，截至2011年10月，日本65岁以上人口为2975万人，创下历史新高，占到总人口的23.3%，预计这一比例在2013年将达25.1%，2035年达33.4%，2060年达到

39.9%。而与老龄化相伴随的是,日本人口出生率不断降低。2012年合计总和出生率仅为1.39。在世界主要国家当中,日本的青少年人口比例是最低的,尤其是未满14岁人口比例低于世界平均水平的一半(见表1)。在这种背景下,日本人口总量萎缩的趋势难以逆转,预计到2026年,日本人口将跌破1.2亿人大关,2048年将跌破1亿人大关,2060年将不足9000万人,为8674万人。[1]

表1 2010年世界主要国家特定年龄阶段人口比例 单位:%

国别	0—14岁人口比例	15—64岁人口比例	65岁以上人口比例
世界	26.8	65.6	7.6
日本	13.2	63.8	23.0
美国	20.1	66.9	13.1
英国	17.4	66.0	16.6
俄罗斯	15.0	72.2	12.8
德国	13.5	66.1	20.4
法国	18.4	64.8	16.8
中国	19.5	72.4	8.2

资料来源:日本内阁府『平成24年版子ども・子育て白書』。

---

[1] 日本内阁府『平成24年版高齢社会白書』、2012年3月、第2—3頁。

老龄化和少子化是日本经济发展所面临的头号结构性问题，它给日本确保充足而高质量的人才资源，维持现有的科研和技术领先地位带来了挑战，具体有以下几个方面。

第一，劳动力总量不足，人才供应总的"水源不足"，高素质人才的供应量也会受到影响。

第二，出生率不足和青少年人口的减少，使得大学入学率不断降低，这不仅导致生源减少，还将削弱高等教育机构的活力和人才塑造能力，特别是使得大量私立学校招生率低下，甚至陷入破产困境。

第三，老龄化和少子化导致社会保障和福利负担加重，财政压力不断加大，经济缺乏活力，这限制了政府和企业在人才培育和支持方面追加投资，以及给予人才更多的物质报酬，导致人才个人素质和能动精神的下降。

第四，老龄化条件下经济萧条，就业和职业生涯压力增大，使得大学生普遍推迟就业，甚至对工作产生厌恶感。青少年中成为"NEET一族"的人数不断增加[①]，

---

① "NEET"即英语中的"Not in education, employment or training"（不上学、不工作也不接受培训），据一些日本媒体调查，日本青少年中的"NEET一族"在100万人以上。

大学生和工作适龄人群就业率的下滑使得日本的人才储备更加捉襟见肘。

除了老龄化和少子化问题之外，日本还面临着本国海外人才流失的问题，这一方面与经济萧条下日本企业待遇下滑，特别是终身雇佣制崩溃、收入保障恶化有关；另一方面也反映了日本政府在人力资源利用上的政策失误。最为典型的例子是日本的"团块世代"。[①] 如今陆续到了退休年龄的他们大量迁居海外，或被国外企业和社会机构聘任为技术指导和管理顾问，尤其在中国大陆、中国台湾地区、韩国和东南亚国家，雇用"团块世代"的退休工程师的情况越来越普遍。[②] 在国外，他们的知识和专业经验受到重视，被视为宝贵的财富，日本政府却眼睁睁地看着这些本应为己所用的人才资源流失海外，而无所作为。

简言之，老龄化、少子化和国内人才流失使得日本的人才储备面临很大的问题，一些分析人士甚至将其称

[①] 即1947—1949年日本战后第一次"婴儿潮"时期出生的日本人，总计约有250万人。

[②] 类似的案例可参见『团块世代が中国に転職、品質管理の指導者としてモテモテ』，http：//www.j-cast.com/2007/08/09010221.html？p=all。

为"影响日本国运的生死问题"。野村研究所的一份报告显示，从 2010 年到 2030 年的 20 年，日本的劳动力将减少 1000 万人。以 2015 年为例，如果要在当年维持 1995 年的劳动生产率水平，并且在充分动员本国老年人和女性就业的前提下，还需要额外增加 511 万劳动者，这意味着日本的人力资源"赤字"不仅巨大，而且迫在眉睫。[①]而在国内"挖潜"尚无法满足需求的情况下，向国际人才市场"伸手"，充分利用国际资源显然成为日本必然的选择。

二 日本吸引国际人才的演进与新动向

（一）日本吸引国际人才的历史演进与制度变化

在新的时代背景下，从国际市场引入人才，填补日益空洞化的国内人才储备成为日本迫在眉睫的需求。一般认为，日本大规模有意识地吸引国际人才是第二次世界大战后，特别是最近 30 年时间，但在第二次世界大战之前的日本近代史中，有两个吸引外国人才（或劳动

---

① 野村総合研究所『迫られる労働市場の国際化：多文化共生社会の実現に向けて』，*NRI Management Review*, Feburary 2008。

力）的阶段是值得注意的：其一是西学东渐和明治维新时期，从16世纪中期开始，西方传教士进入日本，带动"兰学"盛行，成为日本近代从闭关锁国转向"文明开化"的先声，明治维新时期，日本开始正式向欧美国家学习，1871年，日本政府派出的"岩仓使节团"历时近两年，遍访欧美多国，为日本扩大引入西方人才创造了契机，一些来自英、德、法、美等国的传教士、商人、技师和退役军人等获准驻留日本，有的还受到政府任命，在这一阶段，日本吸引的国际人才多来自欧美，但数量极其有限；其二是日本在亚洲殖民扩张的时期，以日本征服朝鲜半岛为契机，大量朝鲜人移民日本并成为外来劳动力的主要来源，他们的后代留在日本并融入日本社会，自此在日朝鲜（韩国）人成为日本最大的外国人群体，① 第二次世界大战结束时，在日朝鲜（韩国）人占在日外国人的比例超过90%，在这一时期，中国（包括大陆和台湾）人、东南亚人（如菲律宾人）也成为在日外国人增加较快的主要群体，他们中的绝大多数人在日本也充当着体力劳动者的角色。

---

① 直到2007年时在日中国人才超过在日朝鲜（韩国）人，成为第一大在日外国人群体。

冷战时期东西方阵营对立，日本在军事和经济上高度依赖以美国为首的西方世界，并借外部有利环境逐步走向经济繁荣。经济高速增长引发就业岗位需求的激增，特别是技术型、职业性人才的需求不断增加，这也使得日本逐步迈入全面性、大规模的吸引国际人才的阶段。日本学者通常认为，日本开始认真地考虑大规模引进国际人才是在20世纪80年代左右，在这一时期，日本企业劳动力不足，技术和管理人员短缺的问题凸显出来，特别是建筑业、制造业、零售业和饮食业的中小企业，这些企业中违法收容、雇用非法外国移民的现象一时大增。[1] 1988年和1989年两年原日本劳动省实施的《技能劳动者需求调查》均显示，日本中小企业大约有200万—300万的人力资源缺口，此时另一个重要的相关背景是强大起来的日本企业集体走向国际舞台，拓展海外业务，1985年《广场协定》的签署，以及此后日元的急速升值也促使更多日本企业转向海外，日本企业国际化水平的提升，使得日本对于国际人才的需要骤增。

日本政府关于引进国际人才的正式政策宣言首见于

---

[1] 平岩惠理子『日本の外国労働者政策と高度技能移民を巡る議論への一視座』、『星城大学経営学部研究紀要』、2007年3月、第91頁。

1988年的《经济运营5年计划》，该计划书称："当前对于有技术的外国人，需要尽可能地予以引进。"同年内阁会议通过的《关于雇佣对策的基本计划》（第6次）也明确提出要主动吸纳海外人才，扩大日本人才基础。基于这一精神，日本政府于1989年修订了《出入境管理和难民认定法》（1990年生效），这也是该法自1951年颁布以来的第一次重大修订。该法在引进外国劳动力和高级人才方面做出的重大变动为：（1）新法将外国人在日居住资格（即在留资格）的种类从18种增加到27种，其中有在日就业劳动权利的在留资格从6种增加到16种；（2）要求在日从事"技术"与"人文知识和国际业务"等专业工作的外国人必须拥有大学学历或者至少10年的职业经验；（3）新设了"定居者"这一在留资格，从而赋予海外日裔外国人后代三代以内在日本就业的权利；（4）新设了"企业内转职"这一在留资格，从而将外企转职到日企的外国职员单独列出[①]。新的《出入境管理和难民认定法》将吸引外国人才的主要目标放在意

---

① 明石純一『現代日本における「外国人受け入れ」の政策評価－1990年改正入管法および90年代の関連政策の効果についての分析』、『国際政治経済学研究』第8号、2001年、第85—101頁。

欲回流日本的大量海外日裔外国人，以及外国跨国企业的技术、管理人才身上。但是该法最为关键的要点在于：通过增加在留资格种类并对其明细化，扩大了外国人在日本居住、劳动的机会，并对进入的外国人才的资质予以了严格的限定。

以冷战结束为标志，经济全球化潮流迅速发展，各国间经济相互依存关系进一步加深，在新科技革命推动下，知识经济呈现爆炸式增长，这导致人力资源全球化、人才国际流动规模和层次大幅提升，各国围绕高级人才，特别是信息技术人才的争夺也日益激烈。日本一方面需要应对越发激烈的国际人才竞争，另一方面还要面临日益严重的老龄化和少子化问题，政府、企业和社会的危机感不断加强。1992年、1995年和1999年日本政府分别出台的第7—9次《关于雇佣对策的基本计划》重申了吸引国际人才的重要性。2000年3月，日本政府内阁会议通过《关于推进制度缓和的3年计划》，文件中对引进高科技人才的意义作了详细论述。也就在这个月，日本法务省入国管理局发表了《第二次入国管理计划》，这份重要政策文件明确提出，要吸引更多的信息技术人才来到日本，此后日本分别和印度、新加坡、中国大陆、越南和中国台湾签订了关于信息技术专业资格的相互承认协定，从而为这些国家和地区的IT技术人才进入日本扫清了道路。①"IT振兴计划"成为拉动日本进一步参与国际人才交流的动力。在此期间，日本经济团体、企业和研究机构纷纷发表报告，就引进外来技术人才进行可行性评估，献计献策。

随着时间的推移，关于日本应仿照欧美移民国家的制度政策，进一步接纳国际人才的呼吁声越来越高。2000年，时任首相小渊惠三的个人咨询机构"21世纪日本的构想"恳谈会公开提出，为了保持日本的活力，"需要向移民政策迈出关键一步"。2004年经团联的报告甚至提出制定"吸纳外国人基本法"，设立吸纳外国人特命担当大臣，在政府内建立"外国人厅"或"移民厅"等一系列超前性的政策建议。2004—2006年，日本政府组织的"制度改革和民间开放推进会议"连续三次发表意见报告，提出设立"日本版绿卡"，放宽给予外国人永久居住权的标准，并强调外国人在外交、社会、经济和文化领域对日本作出的突出贡献应作为授予其永

---

① 倉田良樹『専門的・技術的労働者の受け入れ』、依光正哲編『国際化する日本の労働市場』、東洋経済新報社、2003年、第77—96頁。

久居住权的依据。2005 年，日本入国管理局发表了《第三次入国管理计划》，宣布对外国人才延长签证期限和放宽永久居留权条件，并发布了《对我国的贡献的相关指南》，将吸引外国人留在日本的优惠条件和程序透明化，该文件对那些因对日本做出"特别贡献"而可优先享有永久居住权的外国人作了明确界定。[1]

2010 年，入国管理局发表了《第四次入国管理计划》，其中规定：（1）将重点接受三类"战略性人才"——"学术研究人才"（研究员、科学家和大学教授等）、"高级专业和技术人才"（医生、护士、信息技术人员等）、"经营和管理人才"（企业高层经营者和管理者等）；（2）为了鉴定以上三类人才，并给予其优惠待遇，将根据其学历、职业经验和年收入等指标实施新的"打分制度"；（3）为适应在日外国人从事职业活动范围不断扩大的现状，考虑对现行的在留资格类型进行调整；（4）为

---

[1] 根据日本法律，外国人须在日本连续居住 10 年以上，并获得就业劳动资格连续 5 年以上才可能获得永久居住权，但根据此次修订后的政策，这些对日本做出"特别贡献"的外国人在日本连续居住 5 年之后，就有资格获得永久居住权。关于对日本做出"特殊贡献"的详细规定，请参见日本法务省入国管理局『我が国への貢献があると認められる者への永住許可のガイドライン』、2006 年 3 月，http://www.moj.go.jp/nyuukokukanri/kouhou/nyukan_ nyukan36. html。

应对老龄化问题，日本需要重点引进外国医生和护士，放宽对来日外国医疗人员资格的要求，[①] 根据最新的政策，从2012年7月9日开始，日本政府废除原有的"外国人登录制度"，改向在日居住时间3个月以上的外国人（永久居留者除外）发放新的"外国人在留卡"，经常往返日本和母国间的外籍人士不必再像过去那样专门去办理再次入国手续，同时，日本将在日外国专业人才签证的最长期限延长到5年，留学签证的最长期限延长到4年零3个月，从而"更长时间地将国外专业人才留在日本"。[②]

（二）日本吸引人才的种类与制度规定

一般认为，现在日本吸引外国人才，特别是专业性职业人员主要依靠以下三个方面的制度规定。

1. 有就业劳动权利的"专业人士"认证和居住资格

根据日本现行《出入境管理和难民认定法》等相关

[①] 日本法务省入国管理局『第4次入国管理計画』、2010年、第18—19頁。关于对外国医疗工作者资格的要求，日本规定外国牙科医生在取得医师执照后6年内，护士在取得护理师执照后7年内，保健师、助产师在取得保健师执照后4年内才能获准在日本居住和工作，超过此期限原则上不予受理。

[②] 日本法务省入国管理局『新しい在留管理制度がスタート！』、http://www.immi-moj.go.jp/newimmiact_1/index.html。

法律，外国人可以依据身份，也可以依据活动获得一定时期在日本的居住权即在留资格，前者即所谓"依据身份获得在留资格"的外国人主要基于和日本国民的血缘、婚姻关系，而在日本享有永久或长期居住权；而后者即"依据活动获得在留资格"的外国人当中，留学生、研修生、短期访问者和随行家属等原则上不享有就业和劳动权利，而享受就业和劳动权利的"专业人士"，即被允许从事特定技术和职业活动的外国人则被分为大约14类。其中除赴日从事"兴行"即娱乐演艺活动的外国人以外，其他外国人"专业人士"的在留资格最长可以达到5年，在此期限内他们可以在日本进行职业劳动。工作签证到期后，他们可以继续申请，或者根据日本政府关于外国高级人才的优惠政策，申请更长期限的居住权甚至永久居住权。

2. 高级人才的鉴定和优惠措施

如前所述，日本政府的《第三次入国管理计划》宣布将对日本做出"特别贡献"的外国人作为优惠对象，而现行的《第四次入国管理计划》则将外国高级人才的标准进一步细化，确定将重点引进"学术研究人才""高级专业和技术人才"、"经营和管理人才"，并设立了

"打分制度"（详见表2），外国人申请者如果在现行的"打分制度"中获得70分或以上，就会被认定为"高级人才"，享受以下普通外国人所没有的优惠政策：第一，在日本连续居住5年后即可申请永久居住权；第二，可以新的复合型在留资格身份（如"学术研究活动"）在日从事活动，享受相应优惠；第三，在日的同居配偶有就业、劳动权利，并享受一定优惠；第四，孩子不满三岁时可带来日本随身抚养，最长期限为三年；第五，一定条件下可带一名佣人来日本①，对国际人才进行细致的"量化评分""优中选优"，并采取优惠措施以"挽留人心"是日本政策的一大趋势。

表2　　　　日本针对三类外国高级人才的"打分制度"

类别	学术研究人才	高级专业和技术人才	经营和管理人才
学历	取得博士学位——30分	取得博士学位——30分	取得博士或者硕士学位——20分
	取得硕士学位——20分	取得硕士学位——20分	大学本科毕业——10分
		大学本科毕业——10分	

---

① 日本法务省入国管理局『高度人材に対するポイント制による優遇制度』、http://www.immi-moj.go.jp/newimmiact_3/index.html。

续表

类别	学术研究人才	高级专业和技术人才	经营和管理人才
职业经验	7年——15分 5年——10分 3年——5分	10年——20分 7年——15分 5年——10分 3年——5分	10年——25分 7年——20分 5年——15分 3年——10分
年收入	800万—1000万日元——30—40分 700万日元，39岁及以下——25分 600万日元，39岁及以下——20分 500万日元，34岁及以下——15分 400万日元，29岁及以下——10分		3000万日元——50分 2500万日元——40分 2000万日元——30分 1500万日元——20分 1000万日元——10分
年龄	29岁及以下——15分 30—34岁——10分 35—39岁——5分		无规定
加分项1	在受到日本政府技术创新政策支持的机构就职——10分		
加分项2	日本语能力考试1级（或者同等语言能力考试）通过，或者在外国大学攻读日语专业——10分		
加分项3	在本国大学取得学位——5分		
加分项4	取得研究上的成绩，如：a. 专利发明至少1件；b. 在政府或者公立部门从事过至少3项受到表彰的研究项目；c. 发表学术论文至少3篇（被收入日本国内认可的论文数据库）；d. 其他受到的重大奖励——15分		担任董事长或首席执行官——10分 担任董事会成员或高级经理人员——5分
加分项5	拥有职业资格证书——10分（1项5分）		
合格分	70分		

资料来源：法务省入国管理局『高度人材に対するポイント制による優遇制度』、http：//www. immi－moj. go. jp/newimmiact_3/index. html。

3. 留学生促进计划

在日外国留学生是日本国际人才的另一大重要来源，目前在日外国留学生基本可以分为四类：获得日本政府公费资助的外国留学生、自费外国留学生、外国政府派遣留学生和大学间短期交换留学生。截至2012年5月1日，在日本的外国留学生总数为13.7756万，较上年减少0.2%，在日留学生最多的国家或地区分别是中国大陆（86324人）、韩国（16651人）和中国台湾（4617人）。[1] 日本重视外国留学生资源，将其作为未来在日国际人才的"预备军团"，而且，比起从海外高等教育机构或企业直接引进人才，日本企业和社会机构更倾向于从在日本学习生活了很长时间、熟悉日本情况的留学生当中选拔人才。[2]

为吸引外国留学生，并使他们留在日本工作，日本政府目前正全力推动"留学生30万人计划"，该政策计划于2008年7月正式制定，核心目标是在2020年时努

---

[1] 日本学生支援機構『平成24年度外国人留学生在籍状況調査結果』、http://www.jasso.go.jp/statistics/intl_student/data12.html。

[2] 明石純一『日本の留学生政策をめぐる一考察－10万人計画から「新たな留学生政策」へ』、『国際政治経済学研究』第19号、2007年、第107－119頁。

力使日本吸收外国留学生的数量达到 30 万人。"留学生 30 万人计划"的主要内容是：（1）积极邀请外国青年来日留学，在海外增设日本留学信息渠道和咨询机构，增设海外日语教学机构；（2）简化留学生入境就学程序，提高手续办理效率；（3）提升日本大学国际化水平，重点扶持 30 所大学建成国际重点大学，大量增设英语课程；（4）在住宿、生活、奖学金方面给予外国留学生优惠倾斜，包括确保外国留学生在日第一年均有宿舍等；（5）通过产学官机制，在就业方面给予外国留学生更多支持[①]。除了日本驻外机构之外，日本学生支援机构（JASSO）、日本学术振兴会（JSPS）、日本国际交流基金（Japan Foundation）、日本国际合作机构（JICA）、日本科学技术振兴机构（JST）、日本贸易振兴机构（JETRO）等与政府关联密切的国际交流机构也积极参与吸引留学生计划，在奖学金和学术、生活指导方面给予留学生帮助。在毕业留学生在日申请工作签证的批准率方面，最

---

① 日本文部科学省『留学生 30 万人計画骨子』、http://www.mext.go.jp/b_menu/houdou/20/07/08080109.htm。

近10年日本一直保持在90%上下的水平①，过去日本允许外国留学生毕业后可最多继续在日居住6个月，以方便他们求职就业，自2009年4月开始，日本政府正式将这一期限延长为1年。②

总的来看，日本在吸引国际人才方面的历史实践，反映出日本在人力资源问题上危机感的逐步提升。在冷战时代的大部分时期，日本对于国际人才的需求并不紧迫，直到20世纪80年代经济增长导致劳动力缺乏，这一问题才被公开提上议事日程。而冷战结束后日本尽管堕入"失去的二十年"的经济衰退期，但老龄化社会进程加快，以及人才国际竞争的加剧都使得急欲保持经济实力和技术水准的日本采取更为积极的行动，吸引国际人才。现今，日本通过建立归类和网罗外国来日的"专业人士"，笼络和优待高级人才，以及促进留学生来日学习就业的制度环境，试图争取将潜在资源转化为现实资

---

① 日本法務省入国管理局『平成23年における留学生の日本企業等への就職状況について』、2012年7月、http：//www.moj.go.jp/nyuukoku-kanri/kouhou/nyuukokukanri07_00061.html。

② 日本法務省入国管理局『大学等を卒業した留学生が行う就職活動の取扱いについて』、http：//www.moj.go.jp/nyuukokukanri/kouhou/nyukan_nyukan84.html。

本，但事实证明，这些理论上具有吸引力的政策并未给日本带来源源不断的国际人才。

三 日本吸引国际人才所面临的障碍

（一）日本引进国际人才与其他发达国家的差距较大

从近年来日本吸引国际人才的成果来看，尽管日本政府对于外国人劳动者，特别是专业性人才日益持欢迎和积极接纳的态度，近七成的日本企业也流露出希望利用国际人才市场招贤纳士的想法，但总体上，日本在吸纳国际人才方面并未达到理想的效果，不仅无法与以"移民大国"和国际人才头号目的地著称的美国相提并论，和世界上一些发达国家相比也有较大差距，其具体表现在以下几个方面。

1. 在日外国人中长期居住者增长缓慢

1990年后，在日本长期工作、生活的外国人人数稳定在100万人以上，2005年后突破200万人大关，但这一数字的增长与同期每年外国人入境人数的增长幅度相比则相差甚远（见图3）。这表明日本吸纳国际人才的水平落后于其参与国际社会交流的总体水平，长期留在日本的国际人才数量相当有限。多为短期来访的"匆匆过客"。比起其他发达经济体，日本人口中常住外国人的比重相当低（见图4），2010年，OECD国家总人口中外国人比例的平均值在10%以上，而日本仅为1.7%。1960年时，日本的这一数据为0.7%，换言之，在过去长达半个世纪的时间里，日本人口的"国际化"程度仅仅提升了1个百分点。

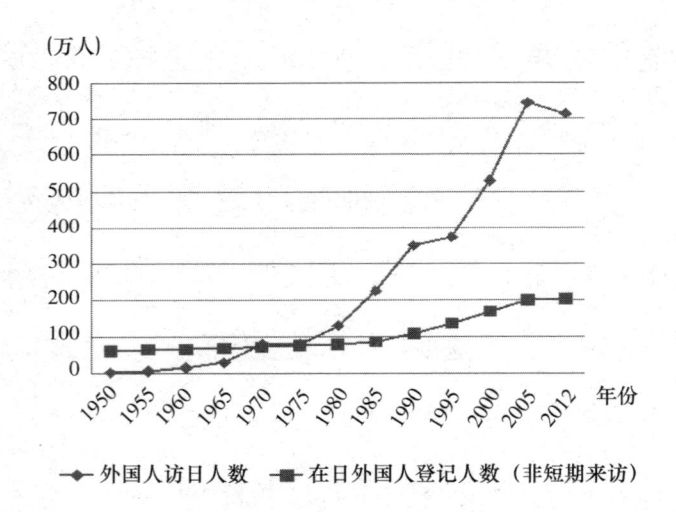

图3　外国人访日人数和在日外国人登记人数变化（1950—2012年）

注：2012年数据为速报值。

资料来源：日本法务省入国管理局『統計表一覧』、http://www.moj.go.jp/housei/toukei/toukei_ichiran_index.html。

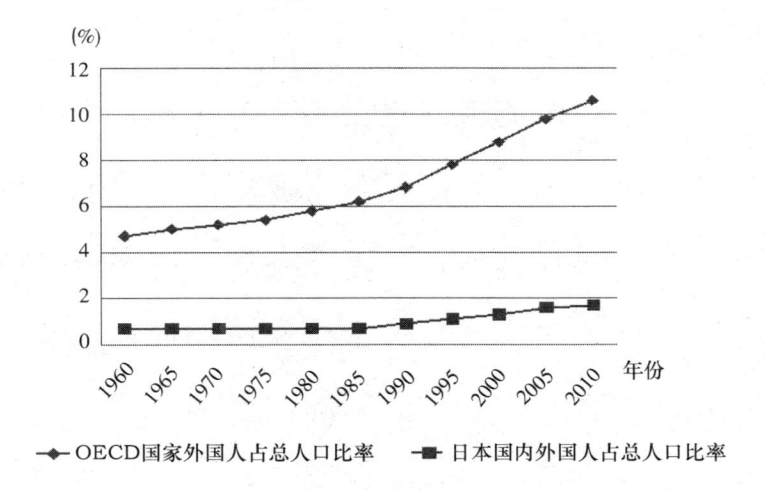

图 4　日本以及 OECD 国家人口中外国人所占比例变化（1960—2010 年）

资料来源：法務省入国管理局『統計表一覧』、http://www.moj.go.jp/housei/toukei/toukei_ichiran_index.html，以及総務省統計局『日本統計年鑑（平成 25 年）』。

2. 招揽国际人才增幅不大

尽管日本政府推出一系列政策，努力招揽国际人才以"技术""人文知识·国际业务"等在留资格留在日本，从事专业活动，但这些类型外国人每年的增量却基本处于一个稳定的水平，增幅较小，还时有起伏，而且从总量上看，这些专业人才的数量并不大。2011 年，以"技术"和"人文知识·国际业务"资格获得在日就业机会的外国人总数为 11404 人，仅占到当年在日长期居住外国人总数的约 0.5%，与欧美主要国家相比，这一数字明显偏低。①

3. 日本企业雇佣国际人才的实际人数较少

2010年厚生劳动省委托富士通总研对超过3700家日本国内企业的调查显示，日本企业中雇佣外国人员工的比例为36.3%，过去雇佣过但现在已不雇佣的为7.1%，而从未考虑过雇佣外国人员工的比例为53%。当年没有外国人实习生的日本企业比例为79%，② 根据日本经团联2011年进行的调查，日本企业中雇佣外国人员工的比重约42%，大企业和跨国企业中这一比重较大，但外国人占日本企业全体员工的比例仅为2.5%—2.7%。③

4. 日本企业招揽国际人才动力不足

没有雇用国际人才的企业自不用说，即使正在雇用外国人员工的日本企业，在招募国际人才方面也显得动力不足，2009年出席过面向在日外国留学生招聘会的比

---

① 日本法务省入国管理局『平成23年における日本企業等への就職を目的とした「技術」又は「人文知識国際業務」に係る在留資格認定証明書交付状況について』、2012年7月、http://www.moj.go.jp/nyuukoku-kanri/kouhou/nyuukokukanri07_00060.html。

② 详见日本厚生労働省（委託事業）『企業における高度外国人材活用促進事業（資料編）』、2010年2月、http://www.mhlw.go.jp/bunya/koyou/oshirase/110301.html。

③ 详见日本経済団体連合会『産業界の求める人材像と大学教育への期待（アンケート結果）』、2011年1月18日。

例仅有18%，出席过面向海外的外国大学生、研究生的招聘会的比例仅有8.7%，78%的企业只是临时性而非定期招募外国人员工，81%的企业从未为外国高级人才设定专门的招聘职位，很多在日外国人表示，日企尽管声称国际化，但很多并不积极接纳外国人。[①]

（二）日本吸引国际人才的主要障碍

从以上表现可以看出，日本吸引国际人才的举措遭遇了某些障碍性因素，这些障碍并非单个因素，而是来自日本经济、政治和社会生活的多个层面或侧面，下面从官方制度、雇佣环境和社会文化三个层面，对阻止日本向国际人才"张开怀抱"的障碍进行解释。

1. 官方制度层面

从官方制度的层面看，日本政府尽管推出一些吸引国际人才的政策法令，但实际上并未真正放开利用国际人力资源，而是以管控式甚至是防范式的思维对待外国人技术者和劳动力。事实上，对于外国人才资源，日本

---

① 详见日本厚生労働省（委託事業）『企業における高度外国人材活用促進事業（資料編）』、2010年2月、http：//www.mhlw.go.jp/bunya/koyou/oshirase/110301.html。

政府一直在"积极引入"和"消极接纳"的两端摇摆，并试图找寻出妥协平衡点。出现这一现象的根本原因在于：日本是以功利主义和"内外有别"的鲜明心态看待外国人劳动者的，既希望充分获取其劳动力和创造性价值，又不希望因过度引入外国人造成国家财政福利负担加重，引发社会震荡和文化冲击，并且牺牲本国公民的利益或优越地位，其具体表现有以下四点。

第一，在总的政策方针上，日本坚持的是"外国人管理"而非"移民政策"，正如一些日本学者指出的，现在的日本还不愿意谈作为全球化趋势的"移民问题"，而更多的是被动应对与国际社会日益密切的人员往来，[①]因此"防范定居"成为日本在接纳国际人才时的基本立场，这也是日本国内长期居住的外国人人口仅占日本总人口1%左右的主要原因。

第二，在接纳外国人劳动者时，日本明确区分"技术劳动者"和"单纯劳动力"，对于前者则尽可能吸纳和利用，而对于后者则原则上不予引进，或者尽可能"快进快出"，不赋予其合法身份和合理待遇。尽管目前

---

① 明石純一『日本における外国人労働者受け入れ政策の政治力学』、『日本学報』（56，2）、2003年、第303—320頁。

推出了一些灵活的政策，但日本依然坚持以学历、职业经验等量化指标严格定义"技术人才"，评估其可能对于日本的贡献，而对于那些文化程度和职业技能较低的普通劳动者则"另眼相看"，一些日本国内舆论也承认这是一种"不符合平等精神的歧视"。实际上，"单纯劳动"和"技术劳动"这种阻碍合理引进外国劳动者观念的存在，不但阻碍日本吸收急需的体力劳动者资源，而且使得技术工作者进入日本的"口径"狭窄化，最终也使得日本错失了大量可资利用的国际人才。

与这种"技术劳动者"和"单纯劳动力"的区分相关的，还有因各种弊病而备受争议的外国人研修生制度。[①]现行的研修生制度实质上已经成为日本短期引进国外劳工以弥补其下层产业劳动力严重不足的权宜变通之计。外国人研修生被普遍当作"单纯劳动力"，其权利和待遇方面得不到足够尊重和保障，不时引发劳资争议

---

① 日本的外国人研修生制度起源于20世纪60年代末，当时日本海外企业在发展中国家招募短期工人在日工作，工人在此过程中学习和积累日本的先进技术和工作经验，然后归国加以应用。1981年被列为在日外国人的在留资格之一；1993年将其更名为"技能实习制度"，因此研修生又称"技能实习生"。原本研修生制度是日本对落后国家进行技术援助的一种方式，但在日本劳动力缺乏的情况下，这一制度出现了被滥用和变质的倾向。

甚至激烈的民事、刑事案件。研修生制度的扭曲，以及日本政府和社会对于外国人研修生权益的忽视态度，可以说都和长期存在的对"单纯劳动力"的拒斥紧密联系。因此现在日本国内关于彻底改革甚至取消研修生制度，使外国人劳动者都能得到合理待遇的呼声越来越高。①

第三，在外国人法律制定上，日本更重视惩罚手段，通过制定各种处罚法则防范外国人的违规行为，而相对忽视为外国劳动者创造舒适的制度环境。为了配合吸纳国际人才的国家方针，日本政府近年来对《出入境管理和难民认定法》进行了频繁修订，不过相对于提出吸引外国人的优惠政策，或者简化外国人出入境手续，近10年该法的调整更多地旨在严格对外国人管理，打击偷渡和外国人犯罪。尽管这些法律修订的初衷是限制非法移民，规范在日外国人行为，但这种以限制为主，相对"不友善"的制度环境，显然会对外来劳动者的进入带来负面影响。

第四，尽管采取了改革措施，但在日本，外国人劳

---

① 李洙任『日本企業における「ダイバーシティマネージメント」の可能性と今後の課題』、『経営学論集』（49.4）2010年、第68—82頁。

动者入境、就业和接受法律救济时，依然要面临相对烦琐的手续和复杂的程序。一些欧美研究者指出，这些规定"足以让有愿望来日工作的人士望而却步"。[①] 而且在部分制度设计上，由于官方缺乏对外国人劳动者利益的认知和关注，而存在不合理的地方。

2. 雇佣环境层面

从雇佣环境的层面看，日本企业尽管有接纳外国技术人员和职业人才的意愿，但在行动上却相对保守，导致国际人才难以进入或充分融入"日本式的雇佣环境"，也使得日本企业在争取国际人才的过程中丧失了优势。出现这一现象的根本原因在于：多数日本企业中传统色彩较强的治理结构、企业文化乃至领导者心态与国际环境、国际惯例并未充分接轨，而且和官方政策所流露的心态类似，多数日本企业也对人才持功利主义和"内外有别"的立场，其具体表现有以下四点。

第一，不少日本企业尚未真正意识到雇用国际人才的必要性，或者尚未做好制度上、程序上的准备。这些企业也不会根据外国劳动者的特点和需要设置职位或岗

---

① R. Iredale, "Migration Policies for the Highly Skilled in the Asia – Pacific Region," *International Migration Review*, 34 (3), 2002, p. 890.

位，使得企业对于国际人才的吸纳和使用往往是偶然的、无规则的，甚至是缺乏长远考虑的。根据日本厚生劳动省的一项调查，超过72%的外国人劳动者到了日本公司被直接安排翻译、文秘、现场管理等行政工作，而没有被安排在合适的技术岗位或战略岗位上。[①] 长此以往，在日本企业内工作的国际人才的积极性会受到打击，而企业本身也会丧失招收外国人劳动者的动力。

第二，不少日本企业对于外国人员工抱有较严重的顾虑乃至偏见，这影响到对国际人才的雇用、培养和提拔。综合日本研究机构对本国企业的相关调查，可以看到日本企业对于外国人员工有着一些固有的，甚至是带有偏见色彩的负面印象，其中比较常见的包括：对企业缺乏忠诚心、个人主义、不尊重权威、沟通能力欠佳等。由于这些担忧，一些日本企业拒绝招募外国人员工，即使招募了也会由于担心他们跳槽或者严重影响公司内部氛围，将他们和本土员工区别对待，在培训和升迁方面不给予足够的重视，在委任工作时不给予充分的信任，

---

① 详见日本厚生劳働省（委託事業）『企業における高度外国人材活用促進事業（資料編）』、2010年2月、http://www.mhlw.go.jp/bunya/koyou/oshirase/110301.html。

对于重视个人发展的国际人才来说，因蒙受怀疑和偏见而导致职业生涯受阻显然是相当难以接受的，而事实上，这样的情况在日本企业并不少见。这显然阻碍了国际人才与日企之间意愿的表达与观念的沟通，使得前者更难以融入后者的大环境中。

第三，不少日本企业尽管参与海外业务，并招募外国人员工，但其工作环境的国际化程度依然不足。传统的"日本式"的企业文化依然占主导地位，很多日本公司依然以日语作为工作语言，即使外国人员工在场时也无法（或不愿）使用英语。在工作过程中，富有日本特色的"人情往来"、言语交流上的暧昧和不能言明的"默许规则"也让外国人感到困惑。由于"内外有别"观念的存在，外国人员工比较难以被公司和同事接纳为"真正的自己人"，这直接损害了他们对企业的归属感。在职场交往中，价值观和思想的差异往往导致深层次的误解和隔阂，而难以融入集体或者日本员工的"小圈子"则使得这一问题更加严重，这使得国际人才和企业之间的沟通更加的不顺畅。[1]

---

[1] 参见守屋貴司『日本企業の留学生などの外国人採用への一考察』、『日本労働研究雑誌』(623)、2012 年 6 月、第 29—36 頁。

第四，由于对雇用外国人员工抱有顾虑，以及由于经济萧条需要缩减企业人力成本，日本企业更倾向于间接雇用或短期雇用外国人员工。它们对于国际人才的使用往往通过中介机构，以服务的形式完成，而非向对方提供长期稳定的工作岗位。同时，相对于20世纪90年代前的"黄金时期"，企业进一步加强了对薪酬和福利制度的控制，包括外国人在内的员工待遇增长严重放缓，这些都阻碍了日本企业延揽真正有价值的国际人才，在海外劳动者看来，日本企业的吸引力也随之降低。

3. 社会文化层面

从社会文化的层面看，日本社会整体上对于外国人的态度并非不友善或不宽容，但是，越来越多的外国人来到日本寻求工作机会和定居环境，确实给日本社会民众造成了一定程度的心理冲击，并随之产生了抵抗心理，日本的社会文化环境对于外国人的"加盟参与"持一定程度的反对和排斥，出现这一现象的根本原因在于：日本社会在本质上是内向性的，追求内部成员一致和相互协调，日本社会原有的民族和文化的同一性，与国际人才流入乃至移民社会所主张的多元性产生了矛盾及碰撞。在外国人劳动者涌入的情况下，日本社会和民众担心他们的利益所得、生活环境和社会平衡遭到损害。这主要体现在以下三个方面。

第一，日本社会中关于外国人"抢走了日本人的工作"，损害了日本国民的经济利益的责难声正在兴起。尽管外国人劳动者对于日本的贡献也得到了社会肯定，然而相当多的民众认同这样的观点：外国人凭借更低的工资和更长的劳动时间，占据了本应属于他们的工作岗位，还扰乱了就业市场的秩序。日本社会正处于"就职冰河期"这一背景更加强了这种抱怨的表面说服力。在农业和制造业领域，反对扩大吸纳国际人才的本土利益团体也采取积极行动，要求政府在政策上做出改变，这对鼓励和支持日本接纳更多外国人的意见主张形成了有力的阻止和牵制。[①]

第二，社会舆论爆炒外国人犯罪问题，日本民众对外国人违背日本社会公共秩序和固有习惯的行为产生强烈的反感。外国人对于社会治安的负面影响在日本一直是一个不可忽视的社会话题，外国人犯罪是客观存在的现实，但它远非外国人在日行为的主流，日本媒体的炒

---

① 明石純一『日本における外国人労働者受け入れ政策の政治力学』、第311頁。

作普遍是为了追求新闻效应，或带有固定偏见。这样做的结果是，经过细节夸大的外国人犯罪问题被拿到放大镜下，受到日本民众关注和批判，这显然对日本人关于外国人的认识，以及关于日本是否应更广泛地接纳移民流入这一问题的态度产生了影响。

第三，一些日本民众担心，外国人的介入和移民社会的来临会导致他们的生活发生变化，社会的平静和平衡被打破。甚至在日本有舆论声音说，日本的民族统一和国民团结会因为外国人的到来而发生动摇，这样一种带有狭隘民族中心色彩的想法，会使他们在日常邻里生活中对身边的外国人采取戒备甚至排斥的态度，进而使得外国人融入日本社会变得更为艰难。对于日本人和外国人而言，文化和生活习惯上差异巨大，外国人想要融入日本这一"异质"文化体系已经相当不易，如果作为主人一方的日本在社会文化上不以多元主义的精神接纳他们，也就谈不上让这些国际人才在日本长期扎根，为日本做出贡献了。[1]

---

[1] 山脇啓造、近藤敦、柏崎千佳子『移民国家日本の条件』、『明治大学社会科学研究所ディスカッションペーパーシリーズ』（No. J-2000-6）、第20頁。

四　结语

作为以"技术立国""人才立国"为基本国策的国家，日本不仅在人才问题上有高度的战略自觉性和危机意识，而且切实地推进了一套涵盖整个国家，动员全社会力量的人才培养和保有制度。需要特别重视的是，一方面，日本具有重视教育和善于学习的传统，注重各行业、各类型的应用型人才，该传统至少从17世纪以来从未被国内任何政治变动所中断，体现出较强的传承性；另一方面，日本在社会结构上相对封闭，内外意识和防范意识较强，这与全球化竞争时代国际人才流动的大趋势显然是不匹配的。在国内人才储备因自身局限而不足的时候，日本社会的保守特点，特别是在人才使用和移民问题方面的传统思维影响了日本国内人才流动和国际人才任用。

历史和现实证明，对于日本来说，为应对日趋深刻的老龄化、少子化问题，确保社会生产力发展和技术传承能够延续，需要一个可持续性的人才战略，而对于国际人才的重视、吸纳和利用无疑是其中不可或缺的组成部分。在吸引国际人才问题上，日本要想将官方制度、雇佣环境和社会文化方面的障碍性因素一一去除，实际上就是要将民族文化观从同一化向多元化转移，将人才战略观从片面的功利主义推进到全面的科学思维。法律、制度和环境的改变尽管需要时间，但最根本的，也是最消耗时间的是观念的转变。

对于中国而言，在国内人才培养和保有方面需要向日本借鉴不少经验，特别是在夯实基础研究，加强产学官联合体制，塑造全民学习、终生学习的社会环境和制度条件方面。而在吸引外国人才方面，日本近20年逐渐放开体制，重点吸引专业性职业人员的做法也值得中国辩证地参考：一方面，长期性的、以法律制度为依托的、有选择有倾向的国际人才引入机制无疑可以吸纳到高素质的海外英才；另一方面，在全球化人才竞争和国内人才需求迫切的背景下，如何更为开放地、真正地接纳各类国际人才，使其扎根下来，人尽其用，是比单纯在引入环节实施优惠政策更为重要的问题。日本的经验和教训给我们带来的最根本启示是：吸引国际人才，开发国际人力资源是一项系统性社会工程，而决定这一系统能否产生理想结果的因素还是观念问题。

后　记

党的十八大报告提出，要加快确立人才优先发展战略布局，造就规模宏大、素质优良的人才队伍，推动我国由人才大国迈向人才强国；要加快人才发展体制机制改革和政策创新，形成激发人才创造活力、具有国际竞争力的人才制度优势。为贯彻党的十八大精神，中国社会科学院人事教育局组织院属相关单位干部学者围绕提高国际人才竞争力问题开展专题研究，并将有关成果结集出版。《发达国家人才战略与机制——以德法英日为例》即为此项专题研究的成果之一。

本书编写工作由中国社会科学院人事教育局局长张冠梓同志主持，来自中国社会科学院欧洲研究所、日本研究所和江苏省社会科学院世界经济研究所等机构的研究人员执笔完成。具体参加写作和修改的主要有（按姓氏笔划排序）：卢昊、叶京、史惠宁、李靖堃、杨解朴、宋强、张君、张季风、张金岭、张磊、胡琨、胡楠阳、原磊、徐清、曹慧、焦永明等同志。中国社会科学院人事教育局副局长高京斋、陈文学同志和时任人事教育局副局长、现任语言研究所党委书记刘晖春同志也对本书给予热切关注和大力支持，中国社会科学出版社为书稿出版提供了有力保障。在此，谨向为本书编写出版提供大力支持的单位和同志，表示衷心的感谢。

衷心希望本书能够为我国人才学领域学者，人才政策制定者、理论研究者和实践工作者们在我国人才战略发展与实施过程中提供有益的国际性参考和借鉴，为提高我国国际人才竞争力发挥积极的推动作用。

在本书编写过程中，我们查阅了大量的中外文资料，并尽最大努力去力求完美，但由于研究时限、资料条件与学识等方面的原因，书中难免存有纰漏和不足，敬请各位同仁、专家学者及广大读者们批评指正，以使本书能够日臻完善。同时，再次向国内从事人才工作的相关部门以及广大读者致以最诚挚的谢意！

编　者
2016 年 4 月 15 日